FALUN GONG

La Grande Voie de l'Accomplissement

Note des traducteurs : Cet ouvrage contient une traduction révisée du livre *Falun Gong. La voie de l'accomplissement*, publié par les Éditions Favre, Lausanne, 1999. Une autre traduction de la première partie de cet ouvrage constitue aussi les trois premiers chapitres du livre *Falun Gong de Chine*, publié par Guy Trédaniel Éditeur, Paris, 1999.

ISBN : 978-2-8132-0254-3

www.editions-tredaniel.com
info@guytredaniel.fr

Li Hongzhi

FALUN GONG

La Grande Voie de l'Accomplissement

GUY TRÉDANIEL ÉDITEUR
19, rue Saint-Séverin
75005 Paris

大法

李洪志

正法十八年春

旋法至極

佛法無邊

法輪常轉

Cette image représentant le Falun est l'univers en miniature et dans tous les autres espaces aussi, il a ses formes d'existence et ses processus d'évolution, c'est pourquoi je dis que c'est un monde.

Li Hongzhi

這個法輪圖形是宇宙的縮影，他在其它各個空間也有他存在的形式、演化過程，所以我說是一個世界。

李洪志

Lunyu
[À propos de Dafa]

Dafa est la sagesse du Créateur. Il est la racine, l'origine de l'ouverture du ciel et de la terre, de la création et transformation de l'univers, ce qu'il englobe est immense et infime à l'extrême, aux différents niveaux des corps célestes il a des manifestations différentes. Du plus microscopique des corps célestes à l'apparition des particules les plus microscopiques, les couches après couches de particules sont incommensurables et innombrables, du petit au grand, jusqu'aux atomes, molécules, astres et galaxies des couches superficielles que l'humanité connaît, et encore plus grand, des particules de tailles différentes constituent des vies de tailles différentes et des mondes de tailles différentes répandus partout dans les corps célestes de l'univers. Pour les vies sur le corps des particules de différents niveaux, les particules plus grandes d'un niveau sont les planètes dans leurs cieux, c'est ainsi à chaque niveau. Pour les vies de chaque niveau de l'univers, c'est sans limite et sans fin. Dafa a aussi créé les temps, les espaces, la multitude des sortes de vies et toute chose et tout être, il englobe tout sans rien omettre. C'est la manifestation concrète aux différents niveaux de la caractéristique de Dafa : Zhen, Shan, Ren.

Aussi développée que soit la manière dont les êtres humains explorent l'univers et la vie, ce n'est que scruter une partie limitée de l'espace où l'humanité existe à un niveau inférieur de l'univers. Dans les nombreuses civilisations apparues avant l'histoire de l'humanité on a exploré d'autres planètes, mais aussi haut et aussi loin qu'on ait volé, on n'a pas quitté l'espace où l'humanité existe. Il ne sera jamais non plus possible à l'humanité de connaître véritablement la manifestation réelle de l'univers. Si l'être humain veut connaître les mystères de l'univers, de l'espace-temps et du corps humain, il ne peut que cultiver et pratiquer dans un Fa juste, obtenir l'éveil juste, élever son niveau d'être. Le xiulian permet aussi d'élever sa qualité morale, une fois qu'on discerne les véritables bonté et méchanceté, bien et mal et qu'on sort du niveau humain, alors seulement on peut voir, alors seulement on peut entrer en contact avec l'univers réel et les vies de différents espaces et de différents niveaux.

L'exploration des êtres humains sert la compétition technologique, sous prétexte de changer les conditions d'existence, elle est le plus souvent basée sur le rejet du divin et le relâchement de la contrainte morale de l'être humain envers lui-même, c'est justement pour cela que les civilisations apparues dans le passé de l'humanité ont été maintes fois détruites. Dans l'exploration on ne peut de plus que se limiter à l'intérieur du monde matériel, l'approche est d'étudier une chose seulement lorsque celle-ci est connue, tandis que les phénomènes qu'on ne peut ni toucher, ni voir dans l'espace humain, mais qui existent objectivement, et peuvent bel et bien se refléter dans la réalité de l'humanité, y compris la spiritualité, la croyance, les paroles divines et les miracles divins, on n'ose jamais les toucher sous l'effet du rejet du divin.

Si l'humanité peut prendre la moralité comme base pour élever la qualité d'être, le comportement et les conceptions de l'homme, alors seulement la civilisation de la société humaine pourra durer longtemps, des miracles divins pourront aussi apparaître de nouveau dans la société humaine. Dans la société humaine du passé des cultures mi-divines mi-humaines sont aussi apparues de nombreuses fois, et ont permis à l'humanité d'élever sa véritable compréhension de la vie et de l'univers. Si l'humanité peut montrer la ferveur et le respect qu'elle doit avoir envers la manifestation de Dafa dans ce monde, cela pourra apporter à l'homme, aux nations ou aux pays le bonheur ou la gloire. Les corps célestes, univers, vies, toute chose et tout être sont créés par le Dafa de l'univers, si une vie s'en détourne elle est alors véritablement corrompue ; si une personne de ce monde peut s'y conformer elle est alors une véritable bonne personne, cela peut en même temps lui apporter une rétribution bienveillante, le bonheur et la longévité ; pour quelqu'un qui cultive et pratique, si tu t'y assimiles tu es alors un éveillé – une divinité.

Li Hongzhi

Le 24 mai 2015

Table des matières

Première partie

FALUN GONG

DEUXIÈME PARTIE

FALUN DAFA

LA GRANDE VOIE DE L'ACCOMPLISSEMENT

« Les exercices sont un moyen auxiliaire pour cultiver et pratiquer jusqu'à l'Accomplissement »

Li Hongzhi
13 novembre 1996

Chapitre I

GÉNÉRALITÉS

Le qigong* est connu en Chine depuis des temps immémoriaux. Grâce à cette longue tradition, les Chinois le pratiquent dans des conditions particulièrement favorables. L'école des taos et l'école des bouddhas*, considérées comme appartenant aux deux grandes écoles orthodoxes de cultivation* et de pratique*, ont déjà révélé au public de nombreuses grandes Lois de transmission ésotérique. Les méthodes de cultivation et de pratique dans l'école des taos sont très particulières ; l'école des bouddhas possède les siennes aussi. Le Falun Gong* est une Grande Loi* cultivée et pratiquée aux niveaux élevés dans l'école des bouddhas. Au cours de mon enseignement, je commence par mettre votre corps en état de cultiver et de pratiquer aux niveaux élevés. Ensuite je vous installe un Falun* et les mécanismes énergétiques, tout en vous apprenant les exercices. En plus, mes Fashen* sont là pour vous protéger. Pourtant, c'est loin d'être suffisant pour faire croître votre Gong. Vous devez également connaître les principes de cultivation et de pratique des niveaux élevés. Ces principes sont contenus dans ce livre.

Comme je parle de méthode de niveau élevé, je ne m'attarde plus sur la cultivation de tel ou tel méridien, de tel ou tel point d'acupuncture ou passage d'énergie. Ce que j'enseigne, c'est la cultivation et la pratique de Dafa* qui peut vraiment vous amener vers les niveaux élevés. Cela peut vous paraître mystique au premier abord. Mais ceux qui sont fermement décidés à pratiquer le qigong ne manqueront pas, s'ils essaient de l'étudier avec attention, de découvrir sa profonde et merveilleuse subtilité.

1. Les origines du qigong

Le qigong dont on parle aujourd'hui ne s'appelle pas en réalité qigong. Il a pris sa source dans la cultivation et la pratique individuelle des anciens Chinois ou dans celles des religions. Ce terme est introuvable dans les textes de « l'Alchimie interne », du « Canon taoïste », ou des soûtras* bouddhistes. Au cours de l'évolution de la présente civilisation humaine, le qigong a traversé la période où les religions étaient en train de se former ; il existait bien avant les religions. Après l'apparition des religions, il a pris une certaine couleur religieuse. On le nommait autrefois de diverses façons : la « grande Loi de cultivation des bouddhas », la « grande Loi de cultivation du Tao », « l'Art de faire tourner neuf fois le cinabre* », la « Loi des arhats* », la « méditation du Diamant* », etc. De nos jours, si on l'appelle qigong, c'est pour mieux l'adapter à la façon de penser de nos contemporains et mieux le répandre dans la société. En fait, il s'agit bel et bien de la voie pour cultiver et forger le corps humain qui existe en Chine.

L'histoire du qigong est fabuleusement ancienne. Ce n'est pas une invention de ce cycle de l'humanité. Alors quand a-t-il fait son apparition ? Selon certains, il a trois mille ans et a connu son apogée sous la dynastie des Tang. Pour d'autres, il a cinq mille ans, soit autant que la civilisation chinoise. D'autres encore considèrent, d'après les découvertes archéologiques, qu'il date d'au moins sept mille ans. À mon avis, le qigong n'est pas une invention du présent cycle humain ; il relève d'une culture préhistorique. Des gens possédant des pouvoirs paranormaux ont découvert que l'univers où nous vivons aujourd'hui est né en réalité d'une recomposition après neuf explosions cosmiques : notre planète a donc été maintes fois détruite et chaque fois reconstituée, et des êtres humains s'y sont à nouveau multipliés. Aujourd'hui, on a découvert dans le monde beaucoup d'objets antérieurs à la civilisation actuelle. Si, selon la théorie de Darwin, l'homme a évolué à partir du singe, la civilisation ne devrait pas dater de plus de dix mille ans. Or parmi les vestiges des temps révolus, on a trouvé dans des grottes alpines des peintures rupestres datant de deux cent cinquante mille ans et leurs qualités esthétiques restent inégalées dans l'art contemporain. Dans le musée de l'Université nationale du Pérou se trouve une grosse pierre : un homme y est gravé en train de scruter les astres avec un télescope. Mais cette gravure est vieille de trente mille ans. Comme on le sait, en 1609, il y a plus de trois cent ans, Galilée a inventé un télescope pouvant grossir trente fois. Alors d'où vient ce télescope datant de trente mille ans ? On a découvert en Inde une barre dont la teneur en fer dépasse 99 %. Or la fabrication d'un fer d'une telle pureté est impensable même pour la métallurgie la plus moderne. Qui a donc créé cette civilisation ? Les êtres humains auraient dû en être alors au stade de micro-organismes, comment pouvaient-ils produire de telles choses ? La découverte de ces objets a attiré l'attention des scientifiques du monde entier. Comme personne ne pouvait en donner une explication satisfaisante, on a parlé de cultures préhistoriques.

Chaque cycle de civilisation humaine avait un niveau scientifique différent. Dans certains cas, leur niveau était très avancé, même plus avancé que le nôtre. Seulement, ces civilisations ont fini par être détruites. Donc, à mon avis, l'homme moderne n'a ni inventé ni créé le qigong, il l'a seulement redécouvert et amélioré. Le qigong appartient aux cultures préhistoriques.

Le qigong n'est pas une invention purement chinoise : il existe également dans d'autres pays. Aux États-Unis ou en Angleterre, on l'appelle magie plutôt que qigong. Aux États-Unis, il y a un magicien nommé David Copperfield, qui est en réalité un maître doté de pouvoirs paranormaux. Il en a fait la démonstration en passant à travers la Grande Muraille. Avant de le faire, il s'est couvert d'un drap blanc et s'est plaqué contre la paroi. Mais pourquoi a-t-il fait cela ? Parce qu'il voulait attirer beaucoup de monde en faisant croire à un tour de magie. Il ne pouvait faire autrement car il savait qu'il y a en Chine beaucoup de super-maîtres. De peur de subir leurs interférences, il s'est ainsi caché sous le drap pour entrer dans la muraille. Pour ressortir de l'autre côté, il a dégagé une main, s'est remis sous le tissu, puis est réapparu entièrement. « Les profanes regardent en spectateurs, les initiés en connaisseurs », dit le proverbe. Naturellement, le public a cru à une séance de magie. Si les gens appellent magie ces pouvoirs paranormaux, c'est qu'ils ne s'en servent pas pour cultiver et forger le corps humain, mais seulement pour exhiber des prodiges sur scène comme divertissements. Donc, au niveau inférieur, le qigong peut servir à améliorer la condition physique et la santé en guérissant des maladies. Aux niveaux élevés, il vise à cultiver et forger le Benti*.

2. Le Qi et le Gong

Ce que nous appelons Qi* actuellement, les Anciens le désignaient par le mot Qi [N.d.t. : un autre idéogramme en chinois]. En principe, les deux recouvrent la même chose : le Qi universel, matière informe et invisible de l'univers. Mais cela n'a rien à voir avec l'air. Par la cultivation et la pratique, la personne pourra mettre en valeur l'énergie de cette matière et la faire agir sur sa constitution physique en la fortifiant et en dissipant les maladies. Or, le Qi n'est rien d'autre que le Qi ; vous en avez, les autres aussi. Il n'existe pas d'interaction entre le vôtre et celui de quelqu'un d'autre. Certains prétendent que le Qi peut guérir ou qu'on peut diriger son Qi sur un malade pour le soigner. Cela ne tient pas debout scientifiquement car le Qi n'a absolument pas cette vocation de guérison. Tant qu'un pratiquant a encore du Qi, cela signifie qu'il n'a pas encore atteint le « Corps de Blanc laiteux* » et qu'il est sujet aux maladies.

Quand un pratiquant est parvenu à des niveaux élevés, ce qui émane de lui n'est plus du Qi, mais des amas de haute énergie. Cette matière de haute énergie est perceptible sous forme de lumière, en des particules fines et extrêmement denses : c'est ce qu'on appelle le Gong, qui sera alors à même d'agir sur une personne ordinaire et de traiter sa maladie. Une phrase dit : « La lumière de Bouddha illumine tout, bienséance* et loyauté* rayonnent harmonieusement ». Cela veut dire qu'un pratiquant de la Loi juste a son corps chargé d'un grand volume d'énergie. Partout où il va, tous les états anormaux situés dans la sphère d'influence de son énergie sont rectifiés et rendus normaux. Il est capable de redresser tous les états anormaux qui se trouvent sur son passage à la portée de son énergie et de les rendre normaux. Par exemple, si quelqu'un souffre de maladie, c'est que son corps est dans un état anormal ; quand cet état est rectifié, sa maladie disparaît. Pour le dire plus simplement, le Gong est de l'énergie. Le Gong est quelque chose de matériel, et son existence objective pourra être perceptible aux pratiquants par la cultivation et la pratique.

3. La force de Gong et les pouvoirs de Gong

La force de Gong s'acquiert par la cultivation du Xinxing

Le Gong, qui détermine le niveau de la force de Gong du pratiquant, ne provient pas de son assiduité dans les exercices. Il s'obtient par la cultivation du Xinxing* et par la transformation de la matière dénommée De*. Ce processus de transmutation ne se déroule pas, comme les gens ordinaires l'imaginent, à travers la pratique « installer le tripode et le fourneau, cueillir des herbes médicinales et transmuer le cinabre ». Le Gong dont on parle habituellement apparaît à l'extérieur du corps humain : il naît dans la partie inférieure du corps, s'élève en spirale en même temps que s'élève le Xinxing. Il forme enfin au-dessus de la tête une colonne de Gong, dont la hauteur marque précisément le niveau de la force de Gong du pratiquant. Or cette colonne de Gong se trouve dans un espace bien caché. Elle est difficile à percevoir par des gens ordinaires*.

Les pouvoirs de Gong* sont renforcés par la force de Gong du pratiquant. Celui qui a un niveau élevé et une grande force de Gong dispose de pouvoirs puissants qu'il peut utiliser à son aise. Inversement, celui qui a une petite force de Gong dispose de pouvoirs faibles qu'il peut utiliser difficilement, voire même pas du tout. Pourtant, les pouvoirs en eux-mêmes ne représentent pas nécessairement votre puissance énergétique ni la hauteur de votre niveau. Ce qui détermine le niveau atteint par le pratiquant, c'est sa force de Gong et non pas ses pouvoirs paranormaux. Il y a des pratiquants pourvus d'une force de Gong inimaginable, mais ils ont peu de pouvoirs : ceux-ci ont été « verrouillés » au cours de leur pratique. Tout compte fait, c'est la force de Gong qui est décisive. Elle s'obtient par la cultivation du Xinxing. Voilà l'aspect crucial.

Un pratiquant ne doit pas rechercher les pouvoirs de Gong

Tous les pratiquants s'intéressent plus ou moins aux pouvoirs de Gong. Ils sont tellement tentants dans la société que beaucoup désirent en posséder. Or ces pouvoirs ne seront pas donnés à un pratiquant qui n'a pas un bon Xinxing.

Il se peut qu'on trouve certains pouvoirs chez des gens ordinaires, tels que la clairvoyance, la clairaudience, la télépathie, la prémonition, etc. Pour les pratiquants, l'acquisition de ces pouvoirs varie selon chacun ; en général, elle reste partielle au cours de l'éveil graduel. Mais d'autres pouvoirs sont refusés aux gens ordinaires, par exemple celui de transformer un objet de notre espace en un autre. Les grands pouvoirs s'obtiennent par la cultivation et la pratique. Le Falun Gong est une méthode résultant des principes qui régissent notre univers. Il comprend donc tous les pouvoirs que l'univers recèle, mais l'acquisition de ces pouvoirs dépend de la cultivation et de la pratique. Le souhait d'acquérir quelques pouvoirs n'est sans doute pas une erreur, mais un désir trop intense, contrairement au simple souhait, peut entraîner des conséquences fâcheuses. Les pouvoirs obtenus à un bas niveau ne sont pas d'une grande utilité. On les recherche simplement pour en faire étalage en public et jouer au héros parmi les gens ordinaires. Dans ce cas, cela révèle précisément la faiblesse du Xinxing d'une telle personne. Il est donc justifié de ne pas lui accorder des pouvoirs. D'ailleurs, si certains pouvoirs étaient accordés à des gens ayant un mauvais Xinxing, ils pourraient en faire mauvais usage, car il est impossible de garantir que ce genre de personne ne fasse rien de mal.

D'autre part, tout pouvoir de Gong se prêtant à une démonstration n'est pas de force à changer la société humaine, ni la vie normale des gens. Par contre, il est interdit aux grands pouvoirs de se donner en spectacle, vu le danger et les effets qu'ils présentent. On ne peut pas s'amuser à renverser un immeuble. Quant aux très grands pouvoirs, leur utilisation est pratiquement interdite voire impossible, sauf pour ceux qui ont une mission spéciale, car leur usage est contrôlé rigoureusement par le maître d'en haut de l'utilisateur.

Il arrive que des gens ordinaires réclament aux maîtres de qigong une démonstration et les poussent à faire des tours de force. Mais ceux qui sont pourvus de tels pouvoirs sont très réticents à les montrer en public, car cela leur est interdit. S'ils le faisaient, l'état normal de la société en serait perturbé. Une personne de grand De n'a absolument pas le droit de faire étalage de ses pouvoirs. Après de telles démonstrations faites à contrecœur, certains maîtres se sentent mal, prêts à éclater en sanglots. Ne leur forcez pas la main ! C'est un déchirement pour eux de montrer leurs pouvoirs. Un de mes stagiaires m'a montré dans une revue quelque chose qui m'a vraiment choqué. On annonçait une conférence internationale de qigong, ceux qui avaient des pouvoirs paranormaux pouvaient participer à un concours, et ceux qui auraient les pouvoirs les plus puissants pourraient être invités. Cette nouvelle m'a beaucoup peiné, et j'ai mis plusieurs jours à m'en remettre. Ça ne se fait pas de mettre les pouvoirs en compétition, et on s'en repentira. Une personne ordinaire ne considère que l'utilité pratique dans ce monde, mais les maîtres de qigong doivent garder leur dignité.

Alors, quel est le but d'acquérir des pouvoirs ? Cela reflète l'état d'esprit et l'aspiration du pratiquant. Il est impossible d'obtenir de grands pouvoirs de Gong pour celui qui a des intentions impures et un esprit instable. Il y a une autre raison : avant d'avoir obtenu l'éveil, vous jugez si une chose est bonne ou mauvaise d'après les critères et les lois conventionnelles de ce monde. Il est impossible pour vous de percevoir la vraie nature des choses ni leurs causalités karmiques. Si l'on voit des gens battus, injuriés ou humiliés par d'autres, c'est sûr qu'il y a des causes prédestinées. Si vous n'en avez pas conscience, votre intervention aveugle ne peut qu'empirer les choses. La gratitude et la rancune, le juste et l'injuste, c'est l'affaire des gens ordinaires, laissons-les aux lois de ce monde. Le pratiquant ne doit pas s'en occuper. Car avant d'être parvenu à l'éveil, ce que vous voyez n'est pas forcément la vraie physionomie d'une affaire. Si quelqu'un donne un coup de poing à un autre, c'est peut-être qu'ils sont en train de liquider leur dette karmique. Votre intervention risque d'empêcher ce règlement. Le karma* est une sorte de matière noire qui entoure le corps humain. Il existe dans un autre espace. Il peut se transformer en maladie et en malheur.

Les pouvoirs de Gong existent en chacun. C'est seulement en cultivant et en pratiquant continuellement qu'on peut les mettre en valeur et les renforcer. Un pratiquant qui ne cherche qu'à acquérir des pouvoirs ne voit pas plus loin que le bout de son nez, il a des visées impures : quelle que soit sa motivation, elle est certainement mêlée à un désir égoïste, qui gênera sa pratique de Gong. Résultat : il n'aura finalement aucun pouvoir de Gong.

Contrôler la force de Gong

Il arrive souvent qu'un pratiquant, s'étant exercé au qigong pendant peu de temps, essaie de soigner des malades avec l'idée de tester son efficacité. Mais s'il a encore une force de Gong peu élevée, à peine a-t-il étendu la main pour le faire qu'il attire sur lui-même beaucoup de Qi noir, un Qi morbide et trouble venant du corps malade. Comme il n'a pas de force suffisante pour se protéger – il n'a pas de cloche de protection – il partagera le champ de Qi du malade et se sentira très mal à l'aise. Et après un certain temps, il finira par souffrir de toutes sortes de maladies si personne ne vient prendre soin de lui. C'est pourquoi ceux qui n'ont pas une force de Gong élevée ne doivent pas traiter les autres. Seuls ceux qui ont déjà développé des pouvoirs de Gong et qui ont une certaine force de Gong peuvent utiliser le qigong pour le faire. Or, même si certains pratiquants ont acquis des pouvoirs qui leur permettent de soigner, ils restent encore à un bas niveau dans leur cultivation et leur pratique. Ils guérissent les malades en réalité avec leur propre énergie, leur force de Gong accumulée en réserve. Comme le Gong est une énergie et une entité intelligente, il est très difficile à accumuler. En relâchant ainsi votre Gong, vous ne faites que consommer votre propre énergie. En même temps que vous dépensez cette énergie, la colonne de Gong au-dessus de votre tête se raccourcit en se désagrégeant d'autant, et c'est bien dommage ! Par conséquent, je déconseille aux pratiquants de soigner un malade lorsqu'ils n'ont qu'une force de Gong peu élevée. Si ingénieuses que soient vos techniques, vous ne faites que consommer votre propre énergie.

Quand la force de Gong atteint un certain degré, il est possible qu'apparaissent divers pouvoirs. Mais leur utilisation n'en requiert pas moins la prudence. Par exemple, quand vous aurez l'œil céleste ouvert, vous devrez l'utiliser, car il peut se refermer si l'on ne le fait pas. En revanche, il ne faudra pas non plus l'employer trop fréquemment, sinon cela laissera échapper trop d'énergie. Est-ce que cela veut dire qu'on ne devra jamais se servir de ses pouvoirs ? Bien sur que non ! À quoi servirait notre cultivation et pratique, sinon ? Seulement il faut savoir quand on peut les utiliser. Cette utilisation ne vous sera permise que lorsque vous aurez atteint un certain niveau dans votre cultivation et votre pratique et que vous serez doté de la capacité de compensation automatique. Quand les pratiquants de Falun Gong parviennent à un certain niveau, la partie de leur Gong consommée peut être reconstituée et compensée totalement par le Falun, qui maintient ainsi automatiquement le niveau de la force de Gong. C'est justement en cela que réside l'une des caractéristiques de Falun Gong. Et alors seulement on pourra faire usage de ses pouvoirs de Gong.

4. L'œil céleste

L'ouverture de l'œil céleste

Le canal principal de l'œil céleste se trouve entre le milieu du front et le point Shangen*. La faculté de voir des gens ordinaires est comparable au mécanisme d'un appareil photo : elle s'effectue par le réglage de la lentille ou de la pupille en fonction de la distance et de l'intensité de la lumière ; les signaux sont transmis par l'intermédiaire des neurones à la glande pinéale située à l'arrière du cerveau, sur laquelle se reflètent finalement les images. La vision pénétrante est un pouvoir paranormal qui consiste à laisser la glande pinéale voir directement à travers l'œil céleste. En général, les gens ordinaires ont l'œil céleste condamné, leur canal principal est réduit à une fissure très étroite, très noire, dénuée d'essence du Qi et donc non lumineuse. Certains l'ont même complètement bouché, ils ne voient donc rien avec l'œil céleste.

Pour ouvrir l'œil céleste, on doit d'abord dégager le canal soit par le recours à une force externe soit au moyen de sa cultivation et sa pratique propres. La forme du canal varie selon la personne et peut être ovale, ronde, en losange ou triangulaire. Mieux on pratique, plus elle devient ronde. Ensuite, il faut que votre maître vous attribue un l'œil, mais vous devrez en cultiver un par vous-même si aucun maître ne vous guide dans votre cultivation et votre pratique. Enfin, il faut que l'endroit de l'œil céleste soit animé d'essence du Qi.

Nous voyons habituellement avec nos deux yeux charnels et ce sont justement nos yeux charnels qui obstruent l'accès à d'autres espaces. Ils forment un écran qui nous empêche de voir autre chose que le monde matériel de notre espace. L'ouverture de l'œil céleste permet de voir sans utiliser nos deux yeux charnels. Quand on atteint un niveau extrêmement élevé, on peut aussi cultiver par soi-même un œil véritable. On peut voir avec l'œil véritable de l'œil céleste, ou l'œil véritable situé au point Shangen. Dans l'école des bouddhas on dit que chaque pore du corps humain est un œil et qu'il y a plein d'yeux sur tout le corps. Dans l'école des taos on dit que chaque point d'acupuncture représente un œil. Pourtant, le canal principal se trouve à l'endroit de l'œil céleste, il doit être ouvert en premier lieu. Au cours de notre stage, j'ai attribué à chacun ce qui sert à ouvrir l'œil céleste, mais l'effet varie pour chacun selon sa condition physique. Certains voient un trou noir comme un puits profond, cela veut dire que le canal est obscur. D'autres distinguent un passage blanc, signe que ce canal est prêt à s'ouvrir si l'on perçoit quelque chose à l'entrée. D'autres encore remarquent quelque chose qui tourne, c'est l'instrument posé par le maître en vue de l'ouverture de l'œil céleste : ils seront capables de voir quand le canal sera percé. D'autres encore voient un gros œil : ils le prennent pour l'œil de Bouddha, mais c'est en réalité le leur, cela arrive généralement aux gens doués d'une bonne prédisposition.

Selon nos statistiques, à chaque stage, plus de la moitié des participants ont eu l'œil céleste ouvert. Mais cette ouverture pose un autre problème : ceux qui ont un Xinxing peu élevé sont susceptibles d'en faire mauvais usage. Pour parer à cette éventualité, j'ouvre votre œil céleste directement au niveau de l'œil de Sagesse, autrement dit au niveau élevé, de manière à vous faire voir des scènes des autres espaces et les phénomènes qui apparaissent durant la pratique de Gong. Ainsi, vous croirez à leur authenticité et vous aurez une plus grande confiance dans la pratique. Comme les débutants n'ont pas encore leur Xinxing à la hauteur d'une personne hors du commun, s'ils étaient dotés de facultés paranormales, ils seraient enclins à mal faire. Un exemple amusant : si vous rencontrez dans la rue un vendeur de billets de loterie, vous pourriez tirer le gros lot. Cela ne se fait pas ! Et il y a encore une autre raison : je suis ici pour ouvrir l'œil céleste à grande échelle. Vous pouvez vous imaginer, est-ce que ce serait encore une société humaine si chacun était capable de voir à travers les murs ou à l'intérieur d'un corps humain ? Cela pourrait gravement perturber l'état de la société des gens ordinaires, il est donc interdit de le faire. D'ailleurs, cela ne fait pas de bien au pratiquant et encourage au contraire son cœur* d'attachement. Voilà pourquoi j'ouvre votre œil céleste directement au niveau élevé et non au bas niveau.

Les différents niveaux de l'œil céleste

L'œil céleste existe sur différents niveaux et à chaque niveau il voit un espace différent. Le bouddhisme distingue cinq visions : la vision de l'œil de Chair, la vision de l'œil du Ciel, la vision de l'œil de Sagesse, la vision de l'œil de la Loi et la vision de l'œil de Bouddha. Chaque vision est subdivisée en trois niveaux : supérieur, moyen et inférieur. Au niveau de l'œil du Ciel et en dessous, l'œil céleste ne peut voir que notre monde matériel. C'est seulement au niveau de l'œil de Sagesse et au-dessus que l'on peut voir d'autres espaces. Certains ont le pouvoir de vision pénétrante, susceptible de radiographier avec une précision même inaccessible au balayage de la tomographie informatisée. Mais ce qu'ils voient reste dans le cadre de notre monde matériel et ne va pas au-delà de l'espace où nous vivons ; on ne peut pas considérer que leur œil céleste a atteint un niveau élevé.

Le niveau de l'œil céleste d'une personne dépend à la fois de la quantité de son essence du Qi, de la grosseur, de la luminosité et de l'état d'obstruction de son canal principal. Mais l'essence du Qi joue un rôle décisif pour une ouverture complète de l'œil céleste. Chez un enfant de moins de six ans, l'ouverture de l'œil céleste se fait très facilement. Je n'ai même pas besoin d'utiliser ma main. Il suffit pour cela que je dise un mot, et l'œil céleste est ouvert. La nature d'un enfant est encore très peu affectée par les mauvaises influences provenant de ce monde matériel. Il n'a encore pratiquement commis aucun méfait. Son essence innée du Qi est restée intacte. Chez l'enfant de plus de six ans, l'œil céleste devient de plus en plus difficile à ouvrir à mesure qu'il est exposé aux influences venant de l'extérieur et qu'il grandit. Et surtout la mauvaise éducation, le laisser-aller et la déchéance peuvent dissiper peu à peu son essence du Qi et la réduire à néant. Ceux qui ont totalement perdu leur essence du Qi peuvent la récupérer grâce à la pratique de Gong, mais cela demande beaucoup de temps et beaucoup de peine. C'est pourquoi l'essence du Qi est extrêmement précieuse.

Je ne préconise pas qu'on ouvre d'emblée l'œil céleste au niveau de l'œil du Ciel. Car lorsque la force de Gong du pratiquant est encore peu élevée, il dépense dans sa vision pénétrante plus d'énergie qu'il n'en accumule par sa pratique de Gong. Si trop d'essence de Qi est consommée, l'œil céleste pourrait se refermer. Et là, il sera très difficile de l'ouvrir à nouveau. Je tiens donc à l'ouvrir au niveau de l'œil de Sagesse, qui permet aux pratiquants de voir des choses dans d'autres espaces, même si elles ne sont pas toujours claires et distinctes. Selon votre prédisposition, les images peuvent paraître très claires, ou intermittentes, ou floues, mais de toute façon vous pourrez percevoir une lumière. Cela favorise la progression du pratiquant vers les niveaux élevés. Et ceux qui ne voient que vaguement pourront réparer ce défaut par leur pratique de Gong.

Ceux qui ont une essence du Qi insuffisante, verront à travers l'œil céleste en noir et blanc. Ceux qui en ont davantage verront en couleur et plus clairement. Plus on en est pourvu, plus ce sera net. Il se trouve des gens qui sont nés avec l'œil céleste ouvert, d'autres l'ont presque hermétiquement bouché, le cas varie d'une personne à l'autre. Le moment de l'ouverture de l'œil céleste est comparable à une fleur qui s'épanouit pétale après pétale. Pendant la méditation assise, on commence par découvrir à l'endroit de l'œil céleste une boule lumineuse, d'abord pas très brillante, qui devient rouge. Certains ont leur œil céleste tellement obstrué que son ouverture pourra s'accompagner de réactions violentes : on sentira les muscles se contracter à l'entrée du canal principal et entre les deux sourcils, comme si on l'enfonçait. Le front et les tempes pourraient gonfler et faire mal. Ce ne sont que des réactions qu'on peut éprouver à l'ouverture de l'œil céleste. Quand l'ouverture est facile, il arrive qu'on voit soudain quelque chose. Au cours d'un stage, quelqu'un a tout à coup vu mon Fashen, mais la vision a aussitôt disparu dès qu'il s'est concentré sur elle, car à ce moment-là il a utilisé ses yeux charnels. Alors quand vous apercevez quelque chose les yeux fermés, vous n'avez qu'à rester dans cet état-là, et peu à peu vous finirez par voir plus clair. Si vous regardez intentionnellement, cela veut dire que vous avez recours à vos yeux charnels et à votre nerf optique, et vous ne verrez plus rien.

À chaque niveau différent l'œil céleste voit un espace différent. C'est un principe souvent ignoré par les recherches scientifiques, et pour cette raison leurs expérimentations sur le qigong n'obtiennent pas les effets escomptés. Parfois même des résultats contradictoires apparaissent. Ainsi pour vérifier les pouvoirs de Gong, un institut a élaboré un test. On a demandé à des maîtres de qigong de dire ce qu'on avait mis dans une boîte hermétiquement fermée. Mais la réponse fut différente, parce que chaque maître a son œil céleste situé à un niveau différent. Conclusion des scientifiques : l'œil céleste n'est qu'une duperie, une pure invention. En général, les gens ayant l'œil céleste ouvert au niveau inférieur réussissent mieux de tels tests car leur l'œil céleste est ouvert seulement au niveau de l'œil du Ciel, un niveau qui n'est fait que pour percevoir des manifestations de ce monde matériel. Et des personnes qui n'y connaissaient rien ont pensé que de tels maîtres étaient ceux qui possédaient les plus grandes capacités. N'importe quel objet organique ou inorganique peut apparaître sous des formes différentes dans des espaces différents. Prenons par exemple une tasse. Au moment de sa production, une entité intelligente correspondante commence à exister dans un autre espace. Cette entité peut avoir été autre chose auparavant. L'œil céleste au niveau le plus bas voit que c'est une tasse ; à un niveau un peu élevé il voit son entité intelligente existant dans l'autre espace ; au niveau plus élevé il voit la forme matérielle de l'existence précédente de cette entité.

La vision à distance

Avec l'œil céleste ouvert, il arrive que certains possèdent la vision à distance et peuvent voir les choses à des milliers de kilomètres. Chaque individu a son espace propre où il est aussi grand qu'un univers. Et dans son espace, l'homme est muni d'un miroir posé devant son front mais invisible dans notre espace. Chacun a son miroir, seulement celui du non-pratiquant est fixé vers soi, tandis que celui du pratiquant tourne graduellement vers l'extérieur et devient capable de réfléchir ce qu'il veut voir. L'être humain est vraiment très grand dans son espace particulier, son corps est démesuré, tout comme son miroir. Tout ce qu'il veut voir peut donc être réfléchi à condition que les images restent sur le miroir, le temps de les regarder. Ce miroir peut tourner ; il se retourne dès que vous avez jeté un coup d'œil sur l'image réfléchie, puis il se remet rapidement à l'endroit, et ainsi de suite. Un film montre des gestes cohérents en projetant 24 images par seconde ; le miroir, lui, tourne beaucoup plus vite et donne donc une vision continue et parfaitement nette. Voilà ce qu'on appelle la vision à grande distance, son mécanisme est tout simple. C'était le secret des secrets, je vous l'ai dévoilé en quelques mots.

Les espaces

Pour nos yeux, les espaces se révèlent très complexes. Notre humanité ne connaît que l'espace où nous vivons actuellement, sans avoir les moyens de prouver l'existence des autres espaces. Si nous, les maîtres de qigong, en avons vu plusieurs dizaines et si on peut les expliquer sur le plan théorique, on ne peut pas encore les prouver scientifiquement. Il y a des phénomènes dont on peut nier l'existence, mais ils sont là et sont bel et bien apparus dans notre espace. Par exemple, il y a une zone près des îles des Bermudes, surnommée le « Triangle du Diable », où des bateaux et des avions ont disparu puis ont réapparu bien des années plus tard. Personne ne peut expliquer ce phénomène, car personne n'a pu sortir du cadre conventionnel de la pensée humaine actuelle. En réalité, cette zone-là est un passage menant à un autre espace. Or ce passage n'est pas muni d'une simple porte comme les portes de nos maisons. Il s'ouvre dans des circonstances imprévisibles. C'est alors seulement qu'un bateau qui se trouve dans les parages à ce même moment peut s'y introduire. L'être humain est insensible à ce changement d'espaces, il se retrouve dans l'autre espace en un clin d'œil. Le décalage spatio-temporel ne peut se mesurer en kilomètres. Une très grande distance de « 108 000 li » peut être contenue ici en un point, les deux espaces pourraient coexister en même temps et au même endroit. Le bateau entre dans l'autre espace et en ressort par accident l'instant d'après, pourtant plusieurs dizaines d'années se sont écoulées dans notre monde, parce qu'il y a une différence de temps entre les deux espaces. Et dans chaque espace existent encore des mondes unitaires. Ensemble, ils forment une structure très compliquée, comparable au diagramme d'une structure atomique : de nombreuses boules reliées les unes aux autres par des traits dans toutes les directions.

Quatre ans avant la Seconde Guerre mondiale, un pilote de l'armée anglaise a été surpris par un orage au cours d'une mission. Grâce à son expérience, il a pu trouver un aérodrome abandonné. Lorsque l'aérodrome lui est apparu, il a découvert brusquement une autre scène : un ciel absolument sans nuage à perte de vue, comme sorti d'un autre monde. Les avions sur la piste étaient peints en jaune et des gens s'affairaient autour. Il a trouvé cela très étrange. Après son atterrissage, personne ne s'est occupé de lui. La tour de contrôle ne l'a même pas contacté. Comme le temps était si beau, il a pris le parti de s'en aller. L'avion a décollé, mais à peine avait-il atteint l'endroit d'où en arrivant il avait aperçu l'aérodrome, qu'il a replongé dans l'orage. Péniblement, il a regagné sa base. Il a fait un rapport écrit mais ses supérieurs ne l'ont pas cru. Quatre ans plus tard, la Seconde Guerre mondiale éclatait. Il a été envoyé en garnison dans cet aérodrome abandonné. Et là, il a retrouvé alors la même scène qu'il avait vue quatre ans auparavant ! Nous les maîtres de qigong, nous savons bien en quoi consiste cette aventure. Il a anticipé ce qu'il devait faire quatre ans plus tard. En d'autres termes, il a joué sa scène avant la représentation de la pièce, puis il a rejoué cette scène dans l'ordre temporel normal.

5. La thérapie par le qigong et le traitement à l'hôpital

Théoriquement, le traitement d'un malade par le qigong est tout à fait différent du traitement par la médecine. Le diagnostic à l'occidentale recourt à des moyens propres à la société ordinaire, comme les analyses, la radioscopie, etc. En fait, ces moyens se bornent à observer le foyer morbide existant dans notre espace, mais ils ne sont pas capables de capter les informations en provenance d'autres espaces ni de saisir les vraies causes de la maladie. Dans un cas bénin, les médicaments sont efficaces pour anéantir ou chasser les agents pathogènes (les virus selon la médecine occidentale, le karma selon le qigong). Dans les cas très graves, les médicaments sont impuissants. De plus, une dose excessive peut dépasser le seuil de tolérance du malade. Certaines maladies, en effet, sortent du cadre de la Loi de ce Monde. Elles sont assez graves et dépassent les limites de la Loi de ce Monde, c'est pourquoi l'hôpital ne peut pas les guérir.

La médecine traditionnelle chinoise est inséparable de la cultivation et de la pratique des pouvoirs paranormaux du corps humain. Nos anciens accordaient une grande importance à cultiver et forger le corps humain : les écoles du confucianisme, des taos, des bouddhas – et même les étudiants en confucianisme – insistaient tous sur l'importance de la méditation assise. Celle-ci est aussi une forme de Gongfu*, et avec le temps, on peut également acquérir du Gong et des pouvoirs même sans pratiquer intentionnellement le qigong. Comment la médecine traditionnelle de l'acupuncture et des moxas pouvait-elle connaître si bien les méridiens du corps humain, comment savait-elle que les points d'acupuncture sont reliés de façon verticale et jamais horizontale ou croisée ? Pourquoi la description en est-elle si exacte ? Ce que les gens doués de pouvoirs paranormaux voient aujourd'hui avec leur œil, c'est exactement ce que la médecine traditionnelle chinoise a décrit. Car dans l'antiquité les médecins célèbres possédaient eux aussi des pouvoirs paranormaux. Les grands médecins de notre histoire, comme Li Shizhen, Sun Simiao, Bian Que et Hua Tuo, étaient tous en réalité de grands maîtres de qigong dotés de pouvoirs paranormaux. La médecine traditionnelle chinoise parvenue jusqu'à nos jours n'en a gardé seulement les techniques de cure et de diagnostic. Elle a laissé de côté la partie des pouvoirs de Gong. À l'origine, les médecins établissaient leur diagnostic par les yeux (pouvant inclure des pouvoirs paranormaux). Plus tard on a développé la technique de prendre le pouls. Si on associait aux moyens de la médecine traditionnelle chinoise les pouvoirs paranormaux, la médecine occidentale ne pourrait pas rattraper le niveau de la médecine chinoise même après de longues années.

La thérapie par le qigong consiste à éliminer radicalement les causes pathogènes. À mon avis, les maladies sont une sorte de karma, guérir le malade veut dire l'aider à réduire son karma. Certains maîtres de qigong préconisent d'évacuer le Qi noir du malade et de lui insuffler le Qi vital. Ils peuvent dissiper le Qi noir à un niveau superficiel, mais ils ignorent la cause fondamentale qui l'a provoqué. Alors, le malade est exposé à une rechute quand reviendra le Qi noir. En fait, ce dernier n'est pas à l'origine de la maladie, c'est seulement son existence qui fait souffrir le malade. La cause fondamentale de la maladie est une entité intelligente qui existe dans un autre espace. Beaucoup de maîtres de qigong n'en savent rien. Or, cette entité intelligente est redoutable. On est rarement capable de l'attaquer, ou on n'ose pas. La thérapie par le

Falun Gong s'en prend directement à cette entité intelligente, elle chasse la cause fondamentale de la maladie. On pose une cloche de protection à l'endroit morbide pour empêcher tout retour de la maladie.

Le qigong peut guérir, mais à condition de ne pas affecter l'état de la société des gens ordinaires. Si le qigong était utilisé à grande échelle, la société serait perturbée, ce qui est défendu. Cela n'aboutirait d'ailleurs qu'à un effet de guérison bien médiocre. C'est connu : un maître de qigong peut avoir des traitements efficaces, mais dès qu'il ouvre un dispensaire, un hôpital ou un centre de cure de qigong, dès qu'il s'installe professionnellement, son efficacité s'effondre. Cela montre qu'il n'est pas permis de remplacer les fonctions d'une société ordinaire par des moyens paranormaux. Sinon ces moyens seront inévitablement rabaissés au même niveau que ceux de la société ordinaire.

Avec des pouvoirs paranormaux, on peut radiographier le corps humain couche par couche comme si on le regardait au microscope. L'examen peut atteindre les tissus mous ou n'importe quelle autre partie du corps. Aujourd'hui, le balayage de la tomographie informatisée permet aussi de voir très clairement, mais à travers une machine qui exige beaucoup de temps, de films et d'argent. C'est donc moins pratique et d'ailleurs moins précis que les pouvoirs paranormaux. En fermant les yeux, un maître de qigong peut jeter un coup d'œil sur le malade pour voir directement et clairement toute partie de son corps. N'est-ce pas de la haute technologie ? C'est plus sophistiqué que la technologie la plus moderne. Pourtant, ce niveau-là existait déjà dans la Chine antique, c'était la haute technologie de l'antiquité. Hua Tuo a vu une tumeur dans le cerveau de Cao Cao* et lui a proposé une opération. Mais Cao Cao a refusé : croyant à un attentat, il a fait arrêter le médecin. Ce qui ne l'a pas empêché de mourir de sa tumeur. Dans l'histoire, beaucoup de médecins célèbres étaient dotés de pouvoirs paranormaux. Seulement, dans la société moderne, on s'enlise trop dans une recherche utilitaire et on laisse tomber dans l'oubli nos traditions anciennes.

Notre cultivation et pratique du qigong aux niveaux élevés implique une nouvelle compréhension de la tradition : il faut reprendre et développer son application pour la remettre au service de l'humanité.

6. Le qigong de l'école des bouddhas et la religion bouddhiste

Quand on mentionne le qigong de l'école des bouddhas, beaucoup de gens pensent tout de suite que l'école des bouddhas, qui vise à cultiver l'état de bouddha, relève de la religion bouddhiste. J'en profite pour déclarer solennellement que le Falun Gong, en tant que qigong de l'école des bouddhas, est une Grande Loi orthodoxe et n'a rien à voir avec la religion bouddhiste. Le qigong de l'école des bouddhas est une chose, la religion bouddhiste en est une autre. Si le but de leur cultivation et de leur pratique est le même, ils y parviennent par des moyens différents et par des exigences différentes parce que leurs écoles de Loi sont différentes. Ici, j'ai mentionné le mot « bouddha » et je le redirai encore quand je parlerai de pratique aux niveaux élevés. Mais ce mot n'est pas entaché de superstition. Il y a des gens qui ne supportent pas d'entendre le mot « bouddha » ; ils prétendent que vous répandez des superstitions. Pourtant, c'est bien loin de la vérité. Le mot « bouddha » vient de l'Inde, du sanscrit. On l'a traduit en chinois comme « Fo Tuo », mais on a laissé tomber le dernier caractère « Tuo ». On dit seulement « Fo ». Et Fo signifie en chinois un Éveillé – un être qui a atteint l'éveil (voir le dictionnaire Cihai*).

Le qigong de l'école des bouddhas

Dans sa propagation actuelle, il y a deux sortes de qigong de l'école des bouddhas. La première provient directement du bouddhisme et de nombreux moines éminents sont apparus au cours de son développement plusieurs fois millénaire. Au cours de leur cultivation et de leur pratique, lorsqu'ils atteignaient un niveau très élevé, surgissaient alors des maîtres célestes qui leur donnaient des enseignements véritables et les amenaient à un niveau encore plus élevé. Cela était transmis uniquement à un seul disciple, et c'est seulement vers la fin de sa vie qu'un moine éminent le confiait à son successeur pour que celui-ci se perfectionne selon l'enseignement du bouddhisme et s'améliore sur tous les plans. Ce genre de qigong paraît étroitement lié au bouddhisme. Plus tard, quand des moines ont été chassés de leurs monastères – par exemple lors de la « grande Révolution culturelle » – leurs méthodes ont été transmises dans la population et s'y sont largement répandues.

L'autre sorte, bien qu'elle soit aussi un qigong de l'école des bouddhas, n'a jamais fait partie du bouddhisme. Elle a toujours été cultivée dans la tranquillité au sein du peuple ou dans des montagnes reculées. Les méthodes de ce genre possèdent chacune leurs points forts très singuliers. Elles demandent le choix d'un excellent disciple, une personne de grand De et vraiment apte à cultiver et pratiquer vers des niveaux élevés. Mais une telle personne ne vient dans ce monde qu'au bout d'une très longue période. Ces méthodes sont impossibles à divulguer publiquement, car elles réclament des pratiquants un très haut niveau de Xinxing ; elles permettent d'accroître le Gong très rapidement. Les méthodes de ce genre sont nombreuses. Il en est de même pour le qigong de l'école des taos qui comprend aussi différentes écoles, comme celles de Kunlun, d'Emei, de Wudang, etc. Et même chaque école comporte encore diverses voies dont les méthodes se distinguent bien les unes des autres, et il ne faut pas les mélanger dans la pratique.

La religion bouddhiste

Le bouddhisme est un système de cultivation et de pratique instauré il y a plus de deux mille ans par Sakyamuni*, après s'être éveillé par lui-même en se fondant sur des voies qui étaient pratiquées en Inde. Sa doctrine peut se résumer en trois mots : préceptes*, recueillement*, sagesse. L'observance des préceptes permet d'atteindre le recueillement. Le bouddhisme ne préconise pas des exercices. En fait le bouddhiste les pratique implicitement quand il se recueille, son cœur retrouvé. Car lorsqu'il a l'esprit en paix pour entrer en état de sérénité, l'énergie de l'univers commence déjà à s'accumuler en lui. C'est l'effet de la pratique de Gong. Les préceptes du bouddhisme visent à éteindre tous les désirs d'une personne ordinaire, à renoncer à tout ce à quoi on tient, de sorte que l'on accède à l'état de tranquillité et de « non-agir* », ce qui permettra d'entrer dans le recueillement. C'est dans le recueillement qu'on poursuivra son ascension jusqu'à l'éveil et à l'ouverture de la sagesse, et on pourra enfin connaître la vérité de l'univers.

Au début de sa vie de prédications, Sakyamuni n'avait journellement que trois occupations : prêcher la Loi aux disciples (principalement la Loi des arhats), mendier avec son bol à aumône et pratiquer la méditation assise. Après que Sakyamuni eut quitté ce monde, des conflits surgirent entre le bouddhisme et le brahmanisme, aboutissant à la fusion de ces deux religions en une seule, l'hindouisme. Donc aujourd'hui il n'y a plus guère de bouddhisme en Inde. Au cours du développement et de l'évolution du bouddhisme est apparue l'école du Grand Véhicule qui s'est propagée jusqu'en Chine et qui est devenue le bouddhisme chinois d'aujourd'hui. Le bouddhisme du Grand Véhicule préconise non seulement le culte de Sakyamuni vénéré comme Maître fondateur, mais aussi la croyance en de multiples bouddhas, de nombreux tathagatas* comme les Bouddhas Amitâbha et Bhaishajyaguru, etc. Plus tard, on a ajouté d'autres préceptes et placé plus haut le but de la cultivation et de la pratique. De son vivant, Sakyamuni avait prêché à quelques disciples la Loi des bodhisattvas*. C'est cela qui a été réorganisé et développé plus tard pour devenir le bouddhisme actuel du Grand Véhicule, dont les pratiques visent à atteindre le niveau de bodhisattva. Cependant, en Asie du Sud-Est, on a conservé les traditions du Petit Véhicule qui utilisent les pouvoirs divins* dans les cérémonies liturgiques. Au cours de l'évolution du bouddhisme, une de ses branches a pénétré au Tibet et a formé le tantrisme tibétain, une autre a traversé le Xinjiang pour entrer dans la contrée des Han* sous le nom du tantrisme des Tang (qui disparut suite à la suppression du bouddhisme durant les années Huichang). Enfin une autre branche en Inde a débouché sur le yoga.

Le bouddhisme ne parle pas de la pratique de Gong ni de qigong. On veut préserver les méthodes traditionnelles du bouddhisme. C'est aussi la principale raison pour laquelle le bouddhisme a pu rester prospère pendant plus de deux mille ans sans connaître de déclin. C'est en rejetant ce qui vient de l'extérieur qu'il a réussi à maintenir ses propres traditions. Cependant, les méthodes au sein du bouddhisme ne sont pas identiques : le Petit Véhicule met l'accent sur le salut individuel et la cultivation personnelle, tandis que le Grand Véhicule a évolué en préconisant le salut de soi et des autres – tous les êtres doivent être sauvés.

7. La Loi juste et les lois perverses

La Porte latérale et la Voie de gauche

La Porte latérale et la Voie de gauche sont également appelées méthodes de la Porte singulière. Même avant l'apparition des religions existaient déjà diverses écoles de qigong. Beaucoup de méthodes qui n'appartiennent pas aux religions se sont répandues au sein du peuple, seulement la plupart d'entre elles n'ont pas développé un système de pratique complet et ne reposent pas sur une théorie achevée. Pourtant les méthodes de la Porte singulière, également transmises parmi les gens, ont été complètement systématisées. Elles se caractérisent par une cultivation et une pratique spécifiques et intensives. Ces méthodes sont habituellement appelées la Porte latérale et la Voie de gauche. Mais pourquoi les appelle-t-on ainsi ? Littéralement, la Porte latérale signifie une porte percée à côté de la porte principale, la Voie de gauche fait allusion à la maladresse. Les gens estiment que les voies de cultivation et de pratique de l'école des bouddhas ou de l'école des taos appartiennent à la Loi juste, et que toutes les autres méthodes sont des Portes latérales et des Voies de gauche, ou des lois perverses. Mais ce n'est pas vrai. Depuis toujours la Porte latérale et la Voie de gauche ont été pratiquées secrètement et transmises à un seul disciple. On ne peut pas les divulguer au public car les gens auraient de la peine à les comprendre. Et ces écoles elles-mêmes prétendent qu'elles n'appartiennent ni à l'école des bouddhas ni à l'école des taos. Leurs méthodes mettent beaucoup d'exigence sur le Xinxing du pratiquant. Elles se fondent sur la nature de l'univers, elles prônent les bonnes œuvres et le maintien d'un bon Xinxing. Leurs maîtres éminents possèdent tous des capacités et des techniques dont certaines sont formidables. J'ai rencontré trois grands maîtres de la Porte singulière. Ce qu'ils m'ont transmis est introuvable dans l'école des bouddhas et l'école des taos. Leur enseignement est en général très difficile à cultiver et pratiquer, et le Gong qu'on obtient s'avère aussi très particulier. Par contre, certaines soi-disant méthodes des écoles des bouddhas et des taos qui se propagent actuellement manquent d'une exigence stricte sur la cultivation du Xinxing. Elles ne peuvent donc pas conduire vers des niveaux élevés. Par conséquent, il faut considérer les méthodes de chaque école d'une manière non dogmatique.

Le qigong des arts martiaux

Le qigong des arts martiaux est parvenu à sa forme actuelle après une très longue évolution. Ses bases théoriques et ses méthodes de cultivation et de pratique sont très élaborées, ce qui en fait un système indépendant. Mais à proprement parler, il s'agit seulement d'une manifestation de pouvoirs de Gong développés au plus bas niveau de la cultivation interne. Car tous les pouvoirs de Gong résultant de la pratique du qigong des arts martiaux, on peut les acquérir dans les voies de cultivation interne. La pratique du qigong des arts martiaux commence aussi par un travail sur le Qi. Par exemple, avant de fendre une pierre avec la main, on commence à faire des moulinets avec les bras pour déplacer le Qi. À force d'exercices, ce Qi connaîtra un changement qualitatif et se transformera en amas d'énergie, comme une sorte de lumière. À cette étape-là, cette énergie devenue du Gong pourra agir. Le Gong est une matière de niveau élevé douée d'intelligence et il est contrôlé par les pensées provenant du cerveau. Le Gong existe dans un autre espace. Dans un combat, une pensée suffit et il est là tout de suite. On n'a plus besoin d'utiliser son Qi. À mesure que vous avancez dans votre cultivation et pratique, votre Gong se renforce et ses particules deviennent plus fines. La puissance de l'énergie devient formidable. Alors apparaissent des capacités de Gongfu comme la « Paume de limaille de fer » et la « Paume de cinabre ». Ces dernières années, dans les magazines, dans les films et à la télévision on a pu voir le « Bouclier de la cloche d'or » et la « Chemise de fer ». Il s'agit là de Gongfu obtenus en combinant la cultivation interne avec les exercices des arts martiaux ; autrement dit, cela résulte de la cultivation conjointe interne et externe. Or, la cultivation interne nécessite en premier lieu l'élévation du De et du Xinxing. Théoriquement parlant, quand votre Gongfu a atteint un certain degré, vous êtes capable de diffuser du Gong qui se répand autour du corps, formant une cloche de protection grâce à sa grande densité. La plus grande différence par rapport à notre cultivation interne réside théoriquement dans le fait que les exercices du qigong des arts martiaux s'effectuent par des mouvements vigoureux sans que le pratiquant n'entre dans la tranquillité. Dans ce cas, le Qi évolue sous la peau et dans les muscles au lieu d'entrer dans le Dantian*. De ce fait, le qigong des arts martiaux ne cultive pas la vie et il n'en est pas capable non plus.

La cultivation inverse et l'emprunt du Gong

Il y a des gens qui n'ont jamais pratiqué le qigong, mais en une seule nuit ils entrent en possession d'un Gong d'une grande puissance et peuvent guérir des malades. On les appelle alors des maîtres de qigong, et ils donnent aussi des cours. Certains n'ont jamais été initiés à une méthode de pratique, d'autres n'ont appris que quelques mouvements et se contentent de les remanier légèrement avant de les enseigner aux autres. Les personnes de ce genre ne méritent pas d'être maîtres de qigong, car elles n'ont rien à transmettre aux autres. Ce qu'elles enseignent est incapable de guider les gens vers des niveaux élevés. Au mieux, cela peut servir à guérir les malades et fortifier la santé. Alors, d'où leur vient ce Gong ? Parlons d'abord de cultivation inverse. Elle concerne uniquement de très bonnes personnes, douées d'un Xinxing excellent, souvent d'un certain âge, plus de cinquante ans. Il ne leur reste plus assez de temps pour cultiver et pratiquer en commençant par le début. Et ce n'est pas facile de rencontrer un maître compétent qui transmet la cultivation conjointe de la nature* et de la vie*. Lorsque l'idée leur vient de pratiquer le Gong, le maître d'en haut vient leur donner beaucoup d'énergie sur la base de leur Xinxing. Ainsi, il leur donne les moyens de cultiver en ordre inverse : du haut vers le bas. Ce qui a l'avantage d'être beaucoup plus rapide. De l'autre espace, le maître d'en haut effectue la transformation et ne cesse de les alimenter avec l'énergie depuis l'extérieur de leur corps. En particulier quand ils traitent un patient ou quand ils forment un champ d'énergie, cette énergie leur arrive comme par un tuyau. Certains d'entre eux ne savent même pas d'où elle provient. Ce phénomène s'appelle la cultivation inverse.

Une autre forme de ce genre est l'emprunt du Gong, qui s'effectue sans distinction d'âge. À part sa conscience principale (Zhuyishi), l'être humain a aussi une ou plusieurs consciences secondaires (Fuyishi). Souvent la conscience secondaire provient d'un niveau supérieur à celui de la conscience principale. Pour certains, la conscience secondaire provient de si haut qu'elle est capable de communiquer avec de grands Éveillés. Alors, quand ces gens-là manifestent le désir de s'initier à la pratique de Gong, leur conscience secondaire – qui veut, elle aussi, s'élever davantage – s'adresse aussitôt aux grands Éveillés pour leur emprunter du Gong. La personne se voit alors pourvue de Gong en une seule nuit, elle peut guérir des malades et leur enlever les douleurs. Habituellement, elle effectue sa thérapie en formant un champ d'énergie. Elle peut aussi transférer son énergie à d'autres individuellement ou enseigner diverses techniques.

Souvent ces gens sont bien au début. Ils parviennent à se faire une notoriété remarquable grâce à leur force de Gong et gagnent de l'argent. Mais lorsque le gain et la célébrité occupent une trop grande place dans leur esprit et l'emportent sur leur pratique de Gong, ce dernier se met à décliner. Il s'affaiblit de plus en plus et finalement disparaît.

Le langage cosmique

Il arrive qu'une personne se mette soudain à parler une langue, et même assez couramment. Mais celle-ci n'est pas une langue de la société humaine. Alors, qu'est-ce que c'est ? On l'appelle langage cosmique. En fait, ce n'est qu'une langue utilisée par des êtres vivants se trouvant à un niveau pas très élevé. Actuellement, en Chine, pas mal de pratiquants du qigong ont eu une telle expérience. Certains d'entre eux sont même capables de parler plusieurs langues différentes de ce genre. Bien sûr, les langues de notre société humaine sont assez nombreuses et complexes. Il y en a plus de mille différentes. Mais parler un langage cosmique, est-ce un pouvoir de Gong ? À mon avis, ce n'est ni un pouvoir issu de soi-même, ni un pouvoir accordé de l'extérieur. Celui qui le parle est simplement contrôlé par un être venant d'ailleurs. C'est une vie venant d'un niveau peu élevé, au moins légèrement supérieur à celui des êtres humains. Donc, c'est justement cet être qui parle.

La personne fait seulement office de porte-voix, et la plupart de ceux qui parlent ne connaissent même pas le sens de leurs paroles. Seuls les gens dotés de pouvoirs télépathiques peuvent saisir de quoi il est question. Beaucoup de gens sont très fiers de parler un tel langage. Ils pensent avoir un pouvoir de Gong. Mais ce n'est pas le cas. Quelqu'un avec un œil céleste ouvert au niveau élevé peut distinguer précisément un être placé obliquement au-dessus de la personne qui parle et qui s'exprime par sa bouche.

L'être transmet à la personne le langage cosmique et en même temps lui donne un peu de Gong. Mais ainsi il tient désormais cette personne sous contrôle, ce qui n'est pas conforme à une Loi juste. Bien qu'il demeure dans un espace du niveau un peu supérieur, il n'a pas cultivé et pratiqué la Loi juste. Il ne sait donc pas comment apprendre aux pratiquants à dissiper les maladies et à fortifier la santé, ainsi il utilise cette méthode pour donner son énergie par des paroles. Cette énergie est diffuse et très faible, elle peut avoir quelques effets sur les cas bénins, mais pas sur les maladies graves. Le bouddhisme affirme que les gens célestes n'ont ni souffrance ni conflit, ils sont donc incapables de cultiver et de pratiquer parce qu'ils n'ont pas l'occasion de passer par des épreuves pour s'élever à un niveau supérieur. Par conséquent ils cherchent à aider les êtres humains à améliorer leur santé et à se guérir, afin qu'ils puissent eux aussi progresser quelque peu dans leur ascension. Voilà d'où vient le langage cosmique, qui n'est ni un pouvoir de Gong, ni un qigong.

La possession par des esprits

De toutes les possessions par des esprits, la possession par des esprits inférieurs est la plus redoutable. Elle résulte sans exception de la pratique d'une loi perverse. Les conséquences sont terribles pour l'être humain. Certaines personnes, peu assidues dans leur pratique sont hantées par le désir intense de soigner des malades et de s'enrichir. Au départ elles peuvent être de bons pratiquants ou avoir un maître qui s'occupe d'elles. Mais les choses tournent mal quand elles commencent à envisager de traiter les patients et de faire fortune. Elles finissent par s'attirer un esprit malin. Celui-ci n'habite pas dans notre espace matériel, mais son existence est un fait indéniable.

Alors le pratiquant sent soudain son œil céleste ouvert et se voit pourvu de Gong. En fait, c'est un esprit malin qui s'est emparé de son cerveau et y projette les images qu'il a vues, ce qui donne au pratiquant l'impression d'avoir son œil céleste ouvert, alors qu'il ne l'est pas du tout. Pourquoi l'esprit malin d'un animal veut-il l'aider et lui attribuer du Gong ? Parce que dans notre univers, il est interdit aux animaux de réussir leur cultivation. Les animaux n'accordent pas de valeur au Xinxing ; ils n'arrivent jamais à évoluer vers des niveaux élevés, c'est pourquoi la Loi juste leur est toujours refusée. Pour cette raison, l'esprit a envie de posséder le corps d'une personne pour obtenir l'essence subtile du corps humain. Il y a un autre principe dans l'univers : sans perte, pas de gain. Cet esprit malin va au-devant de vos désirs, il vous aide à faire fortune et à gagner la célébrité. Mais son aide n'est pas gratuite, en échange il veut l'essence subtile de votre corps. Quand il vous relâchera, vous n'aurez plus rien et vous deviendrez très faible, vous deviendrez un légume ! C'est ce qui arrive quand le Xinxing manque de droiture. Un seul juste terrasse cent mauvais. Vous serez à l'abri de toutes choses maléfiques si vous gardez le cœur droit : soyez un pratiquant digne, refusez les tentations de toutes sortes, et cultivez et pratiquez seulement une Loi juste.

La pratique juste peut aussi dévier vers une loi perverse

Certains pratiquants ont beau avoir appris une méthode appartenant à une Loi juste, ils ne sont pas exigeants envers eux-mêmes, ils n'accordent pas de valeur à leur Xinxing et pensent toujours à des choses mauvaises pendant leur pratique de Gong.

Inconsciemment, ils pratiquent une loi perverse. Par exemple, au moment de la méditation debout ou assis, leur corps est en état de pratique, mais leur esprit est ailleurs et pense à l'argent, au prestige, au gain. Ou ils se demandent comment punir, lorsqu'ils auront des pouvoirs, un tel qui les a maltraités ; ils rêvent d'acquérir tel ou tel pouvoir de Gong. En ajoutant des choses mauvaises à leur Gong, ils tombent en réalité dans une pratique d'une loi perverse. C'est très dangereux : on risque de s'attirer des choses néfastes comme des entités de bas niveau. Il est possible que la personne ne se rende pas compte qu'elle les a elle-même invitées. Ses attachements sont très forts ; il n'est pas possible d'apprendre le Tao dans le but de satisfaire ses désirs. Si un pratiquant n'a pas une pensée droite, même son maître ne peut rien pour le protéger. Alors, le pratiquant doit préserver rigoureusement son Xinxing, avoir le cœur droit sans rien désirer, sinon il risque d'avoir des problèmes.

Chapitre II

FALUN GONG

Le Falun Gong prend son origine dans le Falun Xiulian* Dafa. C'est une méthode particulière de cultivation et de pratique parmi les qigongs de l'école des bouddhas, mais ses aspects originaux le distinguent nettement des méthodes communes de l'école des bouddhas. Autrefois, c'était une voie de cultivation et de pratique spéciale et intensive, qui ne s'adressait qu'aux personnes hautement prédisposées et douées d'un Xinxing très élevé. En vue de permettre à davantage de pratiquants de se perfectionner, et pour répondre à la demande massive de ceux qui veulent progresser, j'ai spécialement adapté l'ensemble de cette méthode de manière à la répandre largement. Pourtant le Falun Gong dépasse de loin d'autres méthodes communes, autant par son contenu que par son niveau.

1. La fonction du Falun

Le Falun de notre Falun Gong est la réplique de l'univers et revêt la même nature que celui-ci. Les pratiquants qui s'y adonnent verront s'accroître rapidement leur force de Gong et leurs pouvoirs de Gong. De plus, en peu de temps, il se formera en eux un Falun d'une puissance incomparable. Une fois formé, le Falun existera en tant que vie douée d'intelligence, et tournera automatiquement dans le bas-ventre du pratiquant. Sans cesse, il collectera l'énergie de l'univers pour la transformer en Gong au sein du Benti du pratiquant. Cela produit ainsi l'effet nommé « la Loi forge la personne ». Autrement dit, le Falun ne cesse d'agir sur le pratiquant même si celui-ci n'est pas en train de pratiquer. En travaillant vers l'intérieur, le Falun peut donner le salut individuel. Il améliore la santé, développe l'intelligence et la sagesse, protège contre la déviation dans la pratique de Gong et les perturbations venant des gens n'ayant pas un bon Xinxing. En travaillant vers l'extérieur, le Falun peut aussi donner le salut à autrui. Il guérit, exorcise et redresse tous les états anormaux. Il tourne sans répit dans le bas-ventre, faisant alternativement neuf tours dans le sens des aiguilles d'une montre et neuf tours dans le sens inverse des aiguilles d'une montre. En tournant dans le sens des aiguilles d'une montre, il absorbe vigoureusement l'énergie de l'univers en quantité énorme, et la rotation deviendra de plus en plus forte à mesure que la force de Gong s'accroît. Un tel effet ne peut pas être obtenu par des moyens artificiels comme absorber le Qi par le sommet de la tête avec les mains. En tournant dans le sens inverse des aiguilles d'une montre, le Falun dégage de l'énergie, il apporte le salut à tout le monde en redressant les états anormaux. L'entourage du pratiquant en bénéficie. De toutes les méthodes de qigong connues en Chine, le Falun Gong est la seule qui soit parvenue à ce que « la Loi forge la personne».

Le Falun est la chose la plus précieuse et ne s'achète pas, même à prix d'or. Quand mon maître me l'a transmis, il m'a dit : « Ce Falun ne pouvait être donné à personne. Même ceux qui ont cultivé la Voie* pendant mille ans veulent l'obtenir mais n'y parviennent pas. Il faut attendre une très longue période pour que notre école de Loi trouve un disciple digne de sa transmission. Ce n'est pas comme ce qui est transmis dans d'autres méthodes à un disciple après quelques décennies. Aussi notre Falun est-il d'une valeur inestimable. » Celui que nous avons mis au point aujourd'hui, pour vous, même s'il n'est pas aussi puissant que l'original, n'en demeure pas moins précieux. L'ayant une fois en sa possession, le pratiquant est pour ainsi dire déjà à mi-chemin de sa cultivation. Il ne lui reste plus qu'à élever son Xinxing pour que l'avenir lui réserve un niveau très élevé. Naturellement ceux qui, par manque d'affinités prédestinées, arrêterons un jour leur pratique perdront leur Falun.

Bien qu'étant une méthode de l'école des bouddhas, le Falun Gong dépasse de loin le cadre de l'école des bouddhas pour s'orienter vers tout l'univers. Jusqu'ici, l'école des bouddhas a expliqué les principes de l'école des bouddhas, de même l'école des taos a expliqué les principes de l'école des taos, mais aucune d'elles n'est arrivée à expliquer au fond la raison d'être de notre univers. Tout comme l'être humain, à part sa composition matérielle, l'univers a sa propre nature qui se résume à trois mots : Zhen-Shan-Ren. La cultivation et la pratique dans l'école des taos met l'accent principalement sur la compréhension de Zhen* : parler vrai, agir vrai, retourner à son origine première et retrouver son authenticité première pour finalement devenir un homme vrai*. La pratique dans l'école des bouddhas met l'accent sur Shan* : avoir une grande compassion, vouloir le salut de tous les êtres. Notre école de Loi cultive simultanément Zhen-Shan-Ren. On cultive et pratique directement la nature fondamentale de l'univers, jusqu'à s'identifier complètement avec l'univers.

Le Falun Gong est une méthode qui cultive conjointement la nature et la vie. Le pratiquant, arrivé à un certain niveau de force de Gong et de Xinxing, doit accéder à l'état d'éveil (libération du Gong) dans ce monde, il réussira à cultiver un Corps incorruptible. La cultivation et la pratique de Falun Gong peut se diviser en diverses étapes, principalement la cultivation et la pratique de la Loi de ce Monde et la cultivation et la pratique de la Loi au-delà de ce Monde. À vous tous, pratiquants résolus, je vous souhaite une cultivation assidue et l'élévation incessante du Xinxing pour arriver à la Plénitude parfaite.

2. La forme et la structure du Falun

Le Falun de notre Falun Gong est une entité en rotation, douée d'intelligence et d'une haute énergie. Il tourne d'après les principes régissant le cours des astres et le mouvement de tout l'univers. En un sens, le Falun est l'univers en miniature.

Au milieu du Falun se trouve un svastika, un symbole de l'école des bouddhas. Le svastika en sanscrit signifie « là où se rassemblent toutes les chances » (voir le dictionnaire Cihai). Il est d'une teinte quasi dorée sur un fond rouge vif. C'est le noyau du Falun. Le cercle extérieur du Falun est orangé. Les quatre symboles du Taiji et les quatre svastikas de l'école des bouddhas sont disposés alternativement sur les huit points. Les deux symboles du Taiji en rouge et noir proviennent de l'école des taos ; les deux autres en rouge et bleu, de l'école du Grand Tao du Ciel antérieur. Les quatre petits svastikas sont aussi dorés, la couleur du fond du cercle change périodiquement dans cet ordre : rouge, orange, jaune, vert, bleu ciel, indigo et violet. Elle offre une vision magnifique (voir l'image en couleurs au début du livre). Par contre, les couleurs du svastika au centre et des symboles du Taiji demeurent toujours les mêmes. L'ensemble du Falun tourne, ainsi que tous les symboles qui sont à l'intérieur tournent sur eux-mêmes. Le Falun prend racine dans l'univers. L'univers tourne, ses galaxies tournent, le Falun tourne aussi. Si vous avez l'œil céleste ouvert à un bas niveau, vous pouvez voir le Falun tourner comme un ventilateur ; s'il est ouvert au niveau élevé, vous verrez le Falun dans son ensemble. C'est tellement superbe, tellement lumineux que le pratiquant est vraiment encouragé à poursuivre ses efforts avec ardeur.

3. Les caractéristiques de la cultivation et de la pratique de Falun Gong

La Loi forge la personne

Les pratiquants de Falun Gong peuvent non seulement progresser rapidement dans leur force de Gong et dans leurs pouvoirs de Gong, mais aussi former en très peu de temps un Falun. Une fois formé, le Falun dégage une puissance formidable. Il est capable de préserver le pratiquant de toutes déviations et de le protéger contre les harcèlements des gens qui ont un mauvais Xinxing. Sur le plan théorique, notre méthode diffère complètement des méthodes traditionnelles de cultivation. Car le Falun, une fois formé, est en rotation automatique et perpétuelle, il existe en tant que vie douée d'intelligence accumulant sans cesse de l'énergie dans le bas-ventre du pratiquant. En tournant, le Falun absorbe automatiquement de l'énergie de l'univers. Et c'est grâce à cette rotation continue que notre méthode parvient à ce résultat : « la Loi forge la personne». Autrement dit, le Falun agit en permanence sur le pratiquant même s'il n'est pas constamment en état d'exercice. On sait bien que le commun des mortels doit travailler le jour et se reposer la nuit. Le temps disponible pour pratiquer est très limité. Il est inutile de penser sans arrêt à la pratique ou de chercher un moyen pour arriver à s'exercer 24 heures sur 24. Or le Falun ne cesse de tourner et absorbe de l'univers beaucoup de Qi (la forme que prend l'énergie au stade initial). Jour et nuit, il ne cesse d'accumuler en chacune de ses parties le Qi absorbé et le transforme en une matière supérieure qui deviendra finalement le Gong sur le corps du pratiquant. Voilà comment la Loi forge la personne. La cultivation et la pratique de Falun Gong n'a rien à voir avec les théories de la pratique de Gong de toutes les autres écoles de qigong qui, elles, s'engagent dans la voie de la transmutation du cinabre.

Le trait le plus remarquable de Falun Gong est qu'on cultive et pratique le Falun sans suivre la voie de la transmutation du cinabre. Jusqu'ici, n'importe quelle méthode déjà révélée au public, qu'elle soit issue de la religion bouddhiste ou taoïste, appartient aux écoles des bouddhas ou des taos, aux méthodes populaires ou aux différentes méthodes de la Porte singulière, elle cultive sans exception le cinabre. C'est ce qu'on appelle qigong de la transmutation du cinabre. Les taoïstes, les moines et les nonnes, tous pratiquent dans cette voie. Après leur mort, on trouve dans leurs reliques incinérées des pilules cristallisées très dures et très belles, mais leur composition ne peut être déterminée par les appareils scientifiques modernes. En réalité, il s'agit d'une matière de haute énergie, recueillie dans d'autres espaces et introuvable dans le nôtre, et c'est justement ce qu'on appelle la pilule de cinabre. Mais il est très difficile d'atteindre l'éveil durant sa vie présente au moyen du qigong de la transmutation du cinabre. Dans le passé, les pratiquants engagés dans cette voie devaient faire monter leur pilule de cinabre. Pourtant, lorsque la pilule arrivait au Palais Niwan*, beaucoup d'entre eux ne réussissaient pas à l'en expulser et elle y restait définitivement coincée. Quelques-uns voulaient la faire éclater mais n'y sont pas parvenus. Il y a eu des cas comme celui-ci : le grand-père d'un pratiquant n'avait pu réussir sa pratique ; au moment de mourir, il cracha la pilule de cinabre au père du pratiquant qui, à son tour, au moment de mourir, n'ayant pas non plus réussi sa pratique, la cracha et la passa à son fils. Jusqu'à présent ce dernier n'est pas parvenu à grand-chose. Cette voie est vraiment très difficile ! Naturellement parmi les différentes méthodes il y en a eu beaucoup qui sont excellentes, et tant mieux si vous pouvez recevoir une transmission véritable. Mais il y a aussi un risque qu'on ne vous transmette pas des choses d'un niveau élevé.

Cultiver et forger la conscience principale

Chaque personne a une conscience principale. Elle dirige ses actions et ses pensées dans la vie quotidienne. Parallèlement, on a aussi une ou plusieurs consciences secondaires ainsi que des messages transmis par ses aïeux. La conscience principale et la conscience secondaire partagent le même nom. En général, la conscience secondaire se montre plus capable que la conscience principale et provient d'un niveau plus élevé : elle ne se laisse pas éblouir par notre société des gens ordinaires et peut voir l'espace qui lui est propre. Beaucoup de méthodes s'engagent dans le chemin de cultiver et forger la conscience secondaire, considérant le corps charnel du pratiquant et sa conscience principale comme de simples véhicules. Le pratiquant lui-même ne s'en rend souvent pas compte et même il est fier de lui-même. Vivant dans la société, l'homme renonce difficilement aux choses matérielles, surtout ce à quoi il tient beaucoup. C'est pourquoi beaucoup de méthodes insistent sur le recueillement, d'être dans le recueillement absolu, ce qui permet à la conscience secondaire de se perfectionner dans une autre société et de progresser vers des niveaux plus élevés. Mais un jour, ayant réussi sa cultivation, la conscience secondaire s'en va en emportant le Gong. Il ne reste plus rien pour le Benti et la conscience principale. Les efforts de toute une vie partent en fumée. C'est déplorable, non ? Des maîtres de qigong sont pourvus de divers pouvoirs d'une puissance formidable et jouissent d'une grande réputation, mais ils ne savent même pas que le Gong ne s'est en fait pas implanté sur leur propre corps.

Notre Falun Gong vise directement à cultiver et forger la conscience principale et ainsi le Gong s'implantera bel et bien sur votre corps. Bien sûr, votre conscience secondaire aura aussi sa part de Gong pour progresser dans sa position subordonnée. Cependant, notre méthode exige beaucoup de votre Xinxing, elle le met à l'épreuve dans la société des gens ordinaires et dans les situations les plus compliquées. Par là vous progresserez et vous vous sublimerez comme une fleur de lotus émergeant de la boue, accédant ainsi à la Plénitude parfaite. Voilà pourquoi notre Falun Gong est tellement précieux : parce qu'il permet d'obtenir du Gong par soi-même. Mais cela reste tout de même très difficile, car vous prenez un chemin qui vous forge et vous met à l'épreuve dans les circonstances les plus compliquées.

Puisque le but de votre pratique de Gong consiste à cultiver et forger la conscience principale, celle-ci doit absolument diriger en permanence votre pratique. C'est elle qui doit avoir le dernier mot. Ne vous laissez pas dominer par votre conscience secondaire. Sinon, le jour où votre conscience secondaire réussira sa cultivation, cette dernière emportera tout votre Gong, tandis que votre Benti et votre conscience principale resteront sans rien. Si vous voulez cultiver et pratiquer à des niveaux élevés, vous ne laisserez pas votre conscience principale comme endormie, sans même savoir ce que vous pratiquez. Vous devez savoir clairement que c'est vous qui êtes en train de faire les exercices, que c'est vous qui cultivez vers les niveaux élevés et qui travaillez maintenant à élever votre Xinxing. C'est seulement ainsi que vous aurez l'initiative et que vous obtiendrez le Gong par vous-même. Parfois, quand votre esprit était distrait, vous avez pu faire quelque chose sans savoir au juste comment vous y êtes arrivé : en réalité, c'est votre conscience secondaire qui a pris les commandes. Il arrive en méditation assise que vous voyez soudain un autre « vous » assis face à vous : c'est votre conscience secondaire qui est là. Par ailleurs, vous pouvez être assis face au Nord et vous remarquez soudain que vous êtes assis encore plus au Nord, et alors vous vous demandez : « Comment ai-je pu sortir de moi-même ? » C'est votre « moi véritable » qui est sorti du corps, tandis que votre corps charnel et votre conscience secondaire restent encore là, à la même place. Donc, il est possible de distinguer l'une de l'autre.

En cultivant et pratiquant le Falun Gong, on ne doit pas s'oublier totalement. S'oublier est incompatible avec la cultivation et la pratique de Dafa de notre Falun Gong. Les exercices se font avec l'esprit lucide. Quand la pratique est toujours présidée par une conscience principale forte, vous êtes préservé des déviations éventuelles et rien ne peut vous affecter. Mais si votre conscience principale est trop relâchée, d'autres choses peuvent en profiter et venir s'installer en vous.

On peut pratiquer à toute heure et dans n'importe quelle direction

Beaucoup de méthodes de qigong accordent de l'importance à l'heure et à l'orientation au moment de faire les exercices. Mais cela n'a pas de sens pour nous. Le Falun Gong s'effectue suivant la nature de l'univers et les principes de l'évolution cosmique. L'orientation et l'heure ne jouent donc aucun rôle. Quand on pratique, on est en fait comme assis sur le Falun qui, en tournant sans cesse, s'oriente vers toutes les directions. Notre Falun est synchronisé avec l'univers, l'univers est en mouvement, la Voie lactée aussi, les neuf planètes gravitent autour du soleil, la Terre tourne aussi sur elle-même. Dans quelle direction sont le Nord, le Sud, l'Est et l'Ouest ? Le Nord, le Sud, l'Est et l'Ouest sont des conventions établies par les gens sur la Terre. Donc, peu importe dans quelle direction on se place pour les exercices, puisqu'on regarde toutes les directions.

Certains prétendent que la meilleure heure de pratique est autour de minuit, d'autres aux environs de midi, etc. Nous n'y prêtons pas attention parce que, même si vous n'êtes pas en train de pratiquer, le Falun agit toujours sur vous et vous aide à pratiquer le Gong à tout moment : la Loi forge la personne. Dans le qigong de la transmutation du cinabre, la personne doit forger la pilule de cinabre. Dans le Falun Gong, c'est la Loi qui forge la personne. Quand vous avez du temps, vous faites plus d'exercices, quand vous en avez moins, vous en faites moins. Tout dépend de votre disponibilité.

4. La cultivation conjointe de la nature et de la vie

Le Falun Gong est une méthode visant non seulement à cultiver la nature, mais aussi à cultiver la vie. Au moyen de la pratique de Gong, on transforme d'abord son Benti, on ne l'abandonne pas. La conscience principale ne fera qu'un avec le corps charnel, on parviendra à cultiver avec son être entier.

La transformation du Benti

Le corps humain est composé de chair, de sang et d'os, qui ont chacun des éléments et des structures moléculaires différents. Avec la pratique, les composants moléculaires du corps seront transformés en une matière de haute énergie. La composition du corps humain ne sera plus la même : la matière originelle connaîtra un changement qualitatif. Pourtant, c'est parmi les gens ordinaires que le pratiquant cultive et pratique, il reste soumis à l'état de la société humaine. C'est pourquoi la transformation intervenue ne touche pas à ses structures moléculaires originelles : la disposition des molécules reste inchangée, seuls les composants moléculaires originels ont été modifiés. La chair reste souple, les os sont encore durs, et le sang encore fluide. Quand on se coupe, ça saigne toujours. Selon la théorie des Cinq Éléments de la Chine antique, toute la création universelle est constituée de métal, de bois, d'eau, de feu et de terre ; il en est de même pour le corps humain. Or, lorsqu'il y a chez le pratiquant une transformation du Benti, c'est-à-dire lorsqu'une matière de haute énergie remplace sa composition moléculaire d'origine, le corps humain n'a plus sa composition physique d'autrefois. C'est pourquoi on dit « ne plus être dans les Cinq Éléments ».

Ce qui caractérise le plus une méthode cultivant conjointement la nature et la vie, c'est de prolonger le cours de la vie d'une personne et de retarder sa vieillesse. Cette particularité se manifeste donc aussi dans notre Falun Gong de la manière suivante : en procédant à un changement radical de la composition moléculaire du corps humain, notre méthode emmagasine dans chaque cellule la matière de haute énergie qui a été recueillie. Quand celle-ci se substitue finalement aux composants cellulaires, il n'y a plus de métabolisme au sein du corps humain : le pratiquant quitte les Cinq Éléments et possède un corps composé de matière provenant d'autres espaces. Il ne sera plus soumis aux contraintes temporelles de notre espace et gardera une jeunesse éternelle.

Sous toutes les dynasties, il y a eu des moines éminents jouissant d'une grande longévité. De nos jours, des gens plusieurs fois centenaires marchent dans la rue, on ne s'en rend pas compte, parce qu'ils ont l'air bien jeune et s'habillent comme tout le monde. La durée de vie de l'homme ne devrait pas être aussi courte qu'aujourd'hui. Du point de vue de la science actuelle, il serait capable de vivre plus de deux cents ans. Selon des documents dûment enregistrés, un Anglais nommé Femcath a vécu 207 ans, un Japonais nommé Mitsu Taira a vécu 242 ans, un moine chinois qui s'appelait Hui Zhao a vécu 290 ans sous les Tang. Selon les annales régionales du district de Yongtai du Fujian, un dénommé Chen Jun est né la première année Zhonghe (881) sous le règne de l'empereur Xizong (dynastie des Tang) ; il est mort en 1324 dans les années Taiding (dynastie des Yuan), il a vécu 443 ans. Ce ne sont pas des contes de fées, mais des faits enregistrés sur des documents. Après un certain temps de cultivation et de pratique, nos élèves de Falun Gong ont tous le visage visiblement déridé et rayonnant de santé, ils se sentent légers et n'ont plus de fatigue en marchant et en travaillant. C'est presque général pour tous nos pratiquants. Moi-même, je cultive et pratique depuis plusieurs décennies et tout le monde dit que mon visage n'a pratiquement pas changé en vingt ans. En voila la raison. C'est qu'il y a dans notre Falun Gong quelque chose de très puissant qui cultive la vie. Nos pratiquants, ainsi, ne paraissent plus leur âge, ils paraissent beaucoup plus jeunes que des gens ordinaires du même âge. Prolonger la vie, retarder la vieillesse, allonger l'espérance de vie constituent ainsi les traits les plus saillants d'une méthode cultivant conjointement la nature et la vie.

Le circuit céleste du Falun

Notre corps humain est un microcosme. Quand l'énergie humaine fait le tour du corps, on parle de circulation du petit univers, ou circuit céleste. Relier le méridien concepteur (Renmai) avec le méridien gouverneur (Dumai), ce n'est qu'un circuit céleste d'ordre superficiel, qui n'a pratiquement aucun effet sur la cultivation de la vie. Le véritable petit circuit céleste consiste à relier le Palais Niwan avec le Dantian formant ainsi une circulation interne. Cette circulation s'élargit peu à peu en dégageant les autres méridiens de façon expansive, de l'intérieur vers l'extérieur, pour que tous les méridiens du corps soient enfin dégagés et reliés. Notre Falun Gong demande dès le début que le pratiquant ait tous ses méridiens dégagés et reliés.

La circulation du grand circuit céleste s'effectue à travers les « méridiens curieux ou huit méridiens extraordinaires », permettant à l'énergie de parcourir le corps tout entier. Quand le grand circuit céleste d'un pratiquant fonctionne, un phénomène se produit : il pourra se soulever du sol. C'est ce que veulent dire les livres sur la transmutation du cinabre quand ils parlent de « s'envoler en plein jour ». En général pourtant, votre corps sera retenu par un blocage ici ou là, qui vous empêchera de vous envoler. Mais cela vous conduit à l'état suivant : vous marchez allègrement, comme si on vous poussait dans le dos. Quand le grand circuit céleste se met à circuler, le pratiquant peut aussi entrer en possession d'une sorte de pouvoir qui permet de déplacer le Qi d'un organe à l'autre : le Qi du cœur peut se déplacer à l'estomac, celui de l'estomac peut aller dans les intestins... À mesure que s'accroît la force de Gong, ce pouvoir peut s'étendre à l'extérieur du corps et il devient le pouvoir paranormal de télékinésie. Ce genre de circuit céleste est appelé également le circuit céleste midi-minuit ou la circulation

Ciel-Terre. Mais à lui seul, il ne suffit pas pour transformer le corps. Il faut un autre trajet qui est le circuit céleste Maoyou, dont l'itinéraire est le suivant : l'énergie se dégage du point Huiyin [périnée] ou du point Baihui [vortex] et longe la ligne qui sépare la face Yin et la face Yang du corps, autrement dit elle se déplace le long des parties latérales du corps.

La circulation du circuit céleste de Falun Gong prend une envergure beaucoup plus vaste que celle des « méridiens curieux ou huit méridiens extraordinaires » dans les méthodes communes. Elle se déploie dans tout le réseau de méridiens entrecroisés du corps entier. Il est indispensable que les méridiens du corps entier tous ensemble soient dégagés et reliés d'un seul coup et mis en circulation simultanément. Dans notre Falun Gong, cela se fait automatiquement. Pas besoin de le faire spécialement ou de le guider intentionnellement. Sinon, vous tomberiez dans la déviation. Au cours de mon stage, j'installerai des mécanismes énergétiques autour de votre corps. Ils fonctionneront automatiquement. Les mécanismes énergétiques sont quelque chose de spécial pour la pratique de Gong aux niveaux élevés. Ils font partie de l'automatisme de notre méthode. Exactement comme le Falun, ils tournent sans cesse et entraînent la circulation d'énergie dans les méridiens du corps. Bien que vous n'ayez pas pratiqué le circuit céleste, la circulation se fait dans tous vos méridiens, à l'intérieur comme à l'extérieur. Nos exercices ne font que renforcer les mécanismes énergétiques installés autour du corps.

Le dégagement des méridiens

Le dégagement des méridiens a pour objet de faire circuler l'énergie, afin de susciter un changement dans la composition moléculaire des cellules et de la transformer en matière de haute énergie. Les méridiens d'un non-pratiquant sont obstrués ou très étroits, tandis que ceux d'un pratiquant deviennent peu à peu lumineux et que les zones bloquées se dégagent. Ils s'élargiront à mesure qu'on progressera vers les niveaux élevés, pouvant atteindre la grosseur d'un doigt. Mais ce n'est pas le dégagement des méridiens qui représente le niveau de votre Gong ou le niveau atteint dans votre cultivation. Avec la pratique, les méridiens deviendront toujours plus larges et plus lumineux jusqu'à fusionner en un seul. À ce moment-là, vous n'aurez plus de méridiens ni de points d'acupuncture, ou plutôt : tout votre corps ne sera que méridiens et points d'acupuncture. Mais cela ne signifie pas que vous êtes déjà parvenu au Tao. Cet état-là n'est qu'une des manifestations apparues au cours de la cultivation et de la pratique de Falun Gong, ce n'est que la manifestation d'un niveau. Parvenu à cette étape-là, vous êtes déjà au bout de la cultivation et de la pratique de la Loi de ce Monde. C'est alors qu'apparaît le phénomène des « Trois Fleurs réunies au sommet de la tête ». Votre colonne de Gong est maintenant très haute, le Gong est très puissant et il revêt des formes visibles. Parmi les Trois Fleurs, une ressemble à un lotus et une autre à un chrysanthème. Ces trois fleurs tournent sur elles-mêmes. Sur chacune d'elles se dresse une colonne si haute qu'elle transperce le ciel. Les trois colonnes et les trois fleurs tournent également ensemble. Le pratiquant sentira alors sa tête très lourde. À ce moment-là, il aura simplement accompli le dernier pas dans sa cultivation et sa pratique de la Loi de ce Monde.

5. La pensée

La cultivation et la pratique de Falun Gong ne s'effectue pas avec l'intervention de la pensée*. En elle-même, la pensée n'est capable de rien sauf de donner des instructions. En fait, ce qui fait le travail, ce sont les pouvoirs de Gong qui, en tant qu'entités intelligentes, ont la faculté de penser et reçoivent les ordres venant du cerveau. Mais l'opinion est très divisée à ce propos, notamment dans les milieux du qigong. On tend à considérer que la pensée peut accomplir toutes sortes d'actions. Certains disent qu'elle est capable de procurer des pouvoirs de Gong, d'ouvrir l'œil céleste, de guérir et de déplacer un objet, etc. C'est faux. Au niveau inférieur, la pensée utilisée par les gens ordinaires commande les organes des sens et les membres du corps. Tandis qu'aux niveaux élevés la pensée chez un pratiquant peut s'élever d'un cran et commander aux pouvoirs de Gong : les pouvoirs sont donc à la disposition de sa pensée. Voilà notre point de vue sur la pensée. Il arrive qu'un maître de qigong soigne un malade sans faire le moindre geste, et le malade dit qu'il va mieux. On croit que c'est la pensée qui a déclenché la guérison. En fait, c'est le maître de qigong qui émet une sorte de pouvoir de Gong et lui commande de guérir ou de faire autre chose. Et son pouvoir agit dans un autre espace, sans que les gens ordinaires s'en rendent compte. Alors ils pensent que c'est la pensée du maître qui a agi. Certains croient que la pensée est capable de guérir ; il faut éclaircir ce malentendu, sinon on pourrait faire fausse route.

La pensée humaine est à la fois une sorte de message, une sorte d'énergie et une forme d'existence de la matière. Lorsqu'on pense, des vibrations d'une fréquence déterminée se produisent en même temps dans le cerveau. Souvent les récitations des mantras se révèlent très efficaces, mais pourquoi ? C'est parce que l'univers a aussi sa propre fréquence de vibrations : quand les incantations prononcées vibrent sur la même fréquence que celle de l'univers, elles produisent alors un effet. Bien sûr, il faut que leur message soit de nature bénéfique pour être efficace, car l'univers n'admet jamais l'existence de ce qui est pervers. La pensée est aussi une forme d'activité mentale, et c'est par la pensée de son corps principal qu'un grand maître de qigong du niveau élevé contrôle et commande ses Fashen. Ces derniers ont aussi leur propre pensée et sont capables d'agir et de régler des problèmes indépendamment. Chacun d'eux est devenu un « soi » entièrement autonome. En même temps, ils connaissent la pensée du corps principal du maître de qigong et agissent en conséquence. Par exemple, lorsque le maître veut soigner un malade, son Fashen va s'en occuper. Sans cette pensée du maître, il n'y va pas. Mais il prend aussi l'initiative de faire des choses qu'il juge bonnes. Car il y a des maîtres de qigong qui, n'étant pas encore parvenus à l'éveil, ignorent certaines choses, alors que leur Fashen les connait déjà.

La pensée comprend aussi un autre sens : l'inspiration. L'inspiration ne vient pas de la conscience principale qui a des connaissances plutôt limitées. On ne peut guère compter seulement sur la conscience principale pour créer quelque chose qui n'a jamais existé dans la société. L'inspiration provient en effet de la conscience secondaire. Certains écrivains ou scientifiques tourmentent leur cerveau quand leur création ou leur recherche se trouve dans l'impasse. S'ils prennent alors une pause et sortent faire un tour, subitement l'inspiration jaillit d'une manière inattendue. Ils se jettent aussitôt sur leur travail et achèvent leur création. Quand la conscience principale est très puissante et exerce sa mainmise sur le cerveau, celui-ci n'est pas très créatif. Dès qu'elle se relâche, la conscience secondaire se met à fonctionner et contrôle le cerveau. La conscience secondaire se trouve dans un autre espace, elle ne se laisse pas limiter par notre monde. Elle peut donc créer quelque chose d'original. Mais son intervention ne doit pas anticiper ou perturber l'état de la société des gens ordinaires, ni affecter l'évolution sociale.

L'inspiration a deux sources. Elle peut venir de la conscience secondaire qui n'est jamais aveuglée par les phénomènes de ce monde, et qui est donc capable de déclencher l'inspiration. Elle peut aussi venir d'ordres ou d'indications donnés par un être supérieur d'un niveau élevé. Quand on a l'esprit inspiré par cet être supérieur, on verra sa pensée s'élargir et on sera capable de faire des choses tout à fait originales. Toute la société, de même que l'univers entier évoluent selon leurs Lois spécifiques, rien n'arrive au hasard.

6. Les niveaux dans la cultivation et la pratique de Falun Gong

Une cultivation et une pratique aux niveaux élevés

Comme le Falun Gong démarre la cultivation et la pratique à un niveau très élevé, le pratiquant peut recevoir du Gong en très peu de temps. La Grande Voie* est très simple et facile. Vu globalement, le Falun Gong propose peu de mouvements. Mais ces mouvements contrôlent tous les aspects du corps et les nombreuses choses qui vont se produire. À condition que votre Xinxing continue de s'élever, le Gong s'accroît rapidement. Vous n'avez pas besoin de faire des efforts intentionnels, ni de recourir à telle ou telle méthode comme « installer le tripode et le fourneau, cueillir des herbes médicinales et transmuer le cinabre », veiller sur le feu, les ingrédients, etc. Une méthode dépendante de la pensée rend les choses compliquées et mène facilement aux déviations. Je vous offre ici une école de Loi qui est à la fois la plus commode, la meilleure, mais aussi la plus difficile. Pour parvenir à l'état du « Corps de Blanc laiteux » avec d'autres méthodes, on doit s'acharner pendant une dizaine voire plusieurs dizaines d'années, ou même plus longtemps. Par contre, avec nous, vous serez directement amené à ce stade. Et vous l'aurez dépassé sans même avoir le temps de vous en rendre compte. Cela peut prendre quelques heures seulement. Peut-être qu'un jour, vous serez très sensible, mais cette sensibilité ne durera qu'un bref moment : cela signifiera en fait que vous venez de franchir un niveau plus élevé.

Les manifestations du Gong

Une fois leur corps ajusté, nos élèves de Falun Gong parviennent à l'état approprié pour cultiver et pratiquer Dafa : à l'état du « Corps de Blanc laiteux ». Seul cet état du corps permet de développer le

Gong. Les gens dotés de l'œil céleste à un niveau élevé peuvent voir le Gong se former sur la peau et être ensuite absorbé par le corps. Ce processus de génération et d'absorption se répète, le Gong passe continuellement d'un niveau à l'autre, parfois très vite. C'est la première phase de génération du Gong ; alors le corps du pratiquant n'est plus celui d'une personne ordinaire. Quand il atteint l'état du « Corps de Blanc laiteux », il ne sera plus jamais malade. Il aura peut-être plus tard mal ici ou là, ou il se sentira mal à l'aise ici ou là, comme s'il était malade. Mais ce ne sera plus une maladie, c'est l'action de son karma. Quand la personne parvient à la deuxième phase, les entités intelligentes ont déjà bien grandi, elles peuvent bouger et parler. Elles peuvent apparaître nombreuses ou clairsemées et parlent quelquefois entre elles. C'est en elles que s'emmagasine une grande quantité d'énergie, qui servira à transformer votre Benti.

Quand on atteint un très haut niveau de la cultivation et de la pratique de Falun Gong, on voit quelquefois apparaître sur soi des petits Bébés espiègles (Yinghai), et on en a plein le corps. Ils sont espiègles, joueurs, bons et bienveillants. La pratique donne aussi naissance à une autre sorte de corps : l'Enfant originel (Yuanying). Très beau, il est assis sur un lotus. C'est le fruit du mariage du Yin et du Yang du corps humain. Tous les pratiquants des deux sexes qui cultivent et pratiquent sont capables de le faire apparaître. Au début, l'Enfant originel est tout petit ; il grandit progressivement pour atteindre finalement la taille du pratiquant. Il lui ressemble comme sa réplique et habite en lui. Les gens dotés de pouvoirs paranormaux le voient. Ils prétendent que le pratiquant a deux corps : en réalité, c'est qu'il a réussi à cultiver son corps véritable (Zhenshen). En plus, notre cultivation fait naître encore beaucoup de Fashen. Bref, tous les pouvoirs existant dans l'univers peuvent être développés dans notre Falun Gong, de même que nous avons tous les pouvoirs que possèdent les autres méthodes.

La cultivation et la pratique de la Loi au-delà de ce Monde

Au cours de la pratique, les méridiens du pratiquant deviendront de plus en plus larges, jusqu'à ce qu'ils se fondent en un bloc. Autrement dit, le corps n'aura plus de méridiens ni de points d'acupuncture ou, si vous voulez, le corps sera couvert de méridiens et de points d'acupuncture. Mais cela ne signifie pas que vous êtes parvenu à la Voie, ce n'est qu'une des manifestations apparues au cours de la cultivation et de la pratique de Falun Gong, correspondant au niveau atteint. À cette étape-là, vous êtes déjà au bout de votre cultivation et de votre pratique de la Loi de ce Monde. Le Gong que vous avez acquis est déjà considérable et a des formes visibles. La colonne de Gong est très haute, avec Trois Fleurs apparaissant au-dessus de la tête. Vous avez fait votre dernier pas dans la cultivation et la pratique de la Loi de ce Monde.

Avec le prochain pas, tout va disparaître. Tous les pouvoirs de Gong seront déposés dans un espace très profond du corps, et le pratiquant entrera alors dans l'état du « Corps de Blanc limpide* » : son corps deviendra transparent. Encore un pas de plus et on commencera la cultivation et la pratique de la Loi au-delà de ce Monde, ce qu'on désigne aussi par cultiver et forger le Corps de bouddha. Les pouvoirs de Gong qu'il développera appartiendront aux pouvoirs divins de Fofa. Leur puissance sera incomparable et illimitée. En continuant son ascension vers des niveaux encore plus élevés, il deviendra un grand Éveillé. Cela dépend bien sûr de la manière dont vous avez cultivé et forgé votre Xinxing. Tel niveau atteint par votre cultivation et votre pratique, telle hauteur de votre position du Fruit*. Les pratiquants assidus obtiendront la Loi juste et le Fruit juste*. C'est ce qu'on appelle la Plénitude parfaite.

Chapitre III

CULTIVER ET FORGER LE XINXING

Tous les pratiquants de Falun Gong doivent penser en priorité à cultiver et forger le Xinxing. Ils doivent avoir la ferme certitude que le Xinxing est le facteur essentiel pour accroître le Gong. C'est le véritable principe pour pratiquer le Gong aux niveaux élevés. Disons-le clairement : la force de Gong, qui détermine le niveau atteint, on ne la gagne pas par les exercices. On peut seulement la recevoir par la cultivation du Xinxing. Élever le Xinxing, il est facile d'en parler. Mais dans les actes, c'est bien plus difficile. Comme pratiquant, on doit faire de gros efforts : élever son sens de l'éveil, endurer des épreuves dans les épreuves, supporter l'insupportable, etc. Pourquoi est-ce que le Gong n'augmente pas chez certains malgré de longues années de pratique de Gong ? Il y a deux raisons fondamentales : d'une part ils ont négligé le Xinxing, et d'autre part ils ne connaissent pas la Loi juste des niveaux élevés. C'est là un problème qu'il faut absolument mettre au grand jour. Beaucoup de maîtres de qigong, dans leur enseignement, insistent sur le Xinxing : c'est la transmission dans le vrai sens du terme. Mais d'autres, qui se contentent d'enseigner des mouvements et des techniques sans parler du Xinxing, transmettent en réalité quelque chose de pervers. Les pratiquants doivent donc faire de grands efforts pour élever leur Xinxing, seulement ainsi pourront-ils poursuivre leur cultivation et leur pratique à des niveaux toujours plus élevés.

1. Qu'est-ce que le Xinxing ?

Le Xinxing dont nous parlons dans le Falun Gong ne se limite pas seulement au De. Il a un sens beaucoup plus vaste. Il comprend beaucoup de choses, et notamment le De. Le De ne représente qu'une manifestation du Xinxing d'une personne, c'est donc largement insuffisant de le définir seulement par le De. Le Xinxing inclut aussi notre attitude face au gain et à la perte. Gagner, c'est s'identifier à la nature de l'univers Zhen-Shan-Ren. Le degré atteint par cette identification se manifeste justement par le De du pratiquant. Perdre, c'est abandonner toutes les pensées et les actions mauvaises comme la convoitise, l'âpreté au gain, la luxure, les désirs, le meurtre, la brutalité, le vol, la fourberie, la jalousie, etc. Si on continue sa cultivation et sa pratique vers les niveaux élevés, on doit encore renoncer à tous les désirs ancrés en soi. Autrement dit, renoncer à tout cœur d'attachement, prendre avec légèreté tout ce qui concerne la notoriété et le profit personnel.

Pour constituer un être humain complet, chacun doit avoir un corps charnel et un caractère. Il en va de même pour notre univers. En plus de son coté matériel, il possède la nature Zhen-Shan-Ren. Même chaque particule de l'air contient cette nature. Elle se manifeste aussi dans la société des gens ordinaires : les bonnes actions sont récompensées et les mauvaises sont punies. Aux niveaux élevés, elle se manifeste sous la forme des pouvoirs de Gong. Ceux qui suivent cette nature sont de bonnes personnes, ceux qui agissent à son encontre sont mauvais. Ceux qui se conforment à cette nature et s'y assimilent sont des gens parvenus à la Voie. Donc, un pratiquant doit nécessairement avoir un Xinxing très élevé pour s'assimiler à cette nature : c'est seulement ainsi qu'il peut cultiver et pratiquer vers des niveaux élevés.

Il est relativement facile d'être une bonne personne. Il est plus difficile de cultiver et forger son Xinxing. Le pratiquant doit être préparé psychologiquement. Pour rectifier son cœur, il doit d'abord montrer sa sincérité. La société du monde où nous vivons est très complexe. Vous voudriez faire quelque chose de bien, mais quelqu'un vous en empêche. Vous ne faites de mal à personne, mais pour diverses raisons quelqu'un vous fait du mal. Or cela ne vous arrive pas par hasard. Vous comprenez pourquoi ? Comment allez-vous réagir ? Vrai ou faux, juste ou injuste, tout ce qui arrive est un test pour notre Xinxing. Est-ce que vous pouvez toujours vous contrôler, en restant exigeant avec votre Xinxing lorsqu'on vous humilie sans raison ? Lorsque votre intérêt vital est lésé ? Lorsque vous êtes tenté par l'argent ou par la luxure, entraîné dans la lutte pour le pouvoir, objet de jalousie et de haine, plongé dans des litiges sociaux ou familiaux, rongé par des douleurs physiques ou morales ? Naturellement, si vous pouvez bien agir en toutes circonstances, vous êtes déjà un Éveillé. Puisque la plupart de nos pratiquants débutent comme des personnes ordinaires, la cultivation et la pratique de leur Xinxing ne peuvent progresser que petit à petit. Mais si les pratiquants, armés d'une ferme volonté, ont la résolution de faire face aux épreuves et aux difficultés les plus rudes, ils accéderont finalement au Fruit juste. Je souhaite que tous nos pratiquants puissent veiller soigneusement à leur Xinxing pour accroître le plus rapidement possible leur force de Gong.

2. La perte et le gain

On parle beaucoup de perte et de gain dans les milieux du qigong comme dans les milieux religieux. Pour certains, la perte signifie faire des aumônes, accomplir de bonnes actions ou secourir ceux qui sont en difficulté ; quant au gain, il signifierait obtenir du Gong. Les moines disent aussi qu'on doit faire l'aumône. C'est interpréter la perte dans un sens trop étroit. La notion de perte dont nous parlons représente quelque chose de bien plus étendu. Ce que nous vous demandons, c'est d'abandonner le cœur des gens ordinaires, le cœur d'attachements que vous ne pouvez pas lâcher. Vous devez être capable de renoncer à ce qui vous paraît important et à ce que vous croyez impossible d'abandonner : voilà une perte dans le vrai sens du terme. Donner quelque chose, aider les autres ou montrer un peu de compassion, cela ne représente qu'une partie de cette perte.

Les gens ordinaires s'intéressent au profit et au prestige, ils veulent vivre mieux, avoir du confort et gagner plus d'argent. C'est le but des gens ordinaires. Pour nous, c'est différent car ce que les pratiquants obtiennent, c'est le Gong et pas ces choses. Nous devons mettre de côté nos intérêts personnels et prendre les choses plus légèrement. Mais cela ne vous fait pas nécessairement perdre quelque chose. Comme nous cultivons et pratiquons dans la société des gens ordinaires, nous devons vivre comme eux. L'essentiel est d'être capable d'abandonner le cœur d'attachements et non de perdre réellement quelque chose. Ce qui vous appartient, vous ne le perdrez pas. Ce qui ne vous appartient pas, vous ne l'obtiendrez pas ; même si vous y parvenez après un grand effort, vous devrez le rendre. Sans perte, pas de gain. Bien sûr, vous n'arriverez pas d'un coup à vous conduire en tout selon les principes élevés. Impossible de devenir un Éveillé en une seule nuit. Par contre, vous pouvez très bien avancer pas à pas dans votre cultivation et vous élever progressivement. Autant vous perdrez, autant vous gagnerez. Vous devez prendre avec légèreté vos intérêts personnels : mieux vaut recevoir moins et gagner en sérénité. Vous y perdrez peut-être un peu sur le plan matériel, mais vous gagnerez davantage de De et de Gong. Voilà le principe. On ne vous demande pas de sacrifier délibérément votre argent, votre prestige, vos avantages. Il s'agit de comprendre cela par votre sens de l'éveil.

Un pratiquant cultivant la grande Voie disait : « Je ne veux pas ce que les autres veulent et ce que les autres ont, je ne l'ai pas. Mais ce que j'ai, les autres ne l'ont pas et je veux ce que les autres ne veulent pas ». Une personne ordinaire arrive rarement à rassasier ses désirs : elle veut tout, sauf le caillou qui est là par terre. Mais ce pratiquant disait qu'il voulait bien le ramasser, ce caillou. Comme dit le proverbe, ce qui est rare est précieux. Un caillou ne vaut rien ici, mais dans l'au-delà il peut être très précieux. Cela révèle une vérité que les gens ordinaires sont incapables de comprendre. Bien des maîtres de très haut niveau, avec beaucoup de De, et qui ont déjà réussi leur cultivation, sont privés de tout. Pour eux, il n'existe rien à quoi ils ne peuvent renoncer.

Rien n'est plus juste que le chemin de la pratique de Gong, les pratiquants sont ceux qui sont les plus intelligents. Les choses que les gens ordinaires convoitent, ces petits avantages qu'ils en tirent, tout cela n'est que temporaire. Qu'est-ce que cela vous apporte d'avoir conquis ces avantages ou de les avoir reçus ? Les gens disent : « On n'a rien apporté en venant dans ce monde, on n'emportera rien en le quittant. On naît les mains vides, on meurt aussi les mains vides. Même nos os seront réduits en cendres. » Que vous soyez un millionnaire ou un fonctionnaire de haut niveau, vous n'emporterez rien avec vous. Mais votre Gong vous suivra, car il a grandi sur le corps de votre conscience principale. Je dois vous dire que le Gong n'est pas facile à obtenir. Il est trop précieux et trop difficile à acquérir pour être acheté, même à prix d'or. Lorsque votre Gong a atteint un niveau très élevé, au cas où l'idée vous viendrait d'abandonner votre pratique de Gong, ce dernier pourra se transformer en tout ce que vous désirez, à condition que vous ne fassiez rien de mal. Mais, à part les avantages terrestres dont vous jouirez, vous n'aurez plus rien de ce qui doit appartenir à un pratiquant.

L'intérêt personnel conduit certains à user des procédés déloyaux pour s'approprier ce qui ne leur appartient pas. Ils croient faire une bonne affaire. En fait, ce qu'ils obtiennent, ils l'échangent en donnant aux autres leur De. Mais ils ne le savent pas. Dans ce cas, un pratiquant verra son Gong réduit, et un non-pratiquant le paiera par une réduction de son temps de vie ou d'autre chose. De toute façon, cette dette sera réglée tôt ou tard, c'est la Loi du Ciel. Il y a des gens qui souvent malmènent les autres, les blessent ou les injurient. En agissant ainsi, ils envoient leur De à leurs victimes, dans les mêmes proportions que les douleurs qu'ils leur infligent.

Certains croient qu'être bon, c'est se faire avoir. Bien sûr, quelqu'un de bon subit des pertes aux yeux des gens ordinaires, mais il reçoit en compensation ce que les gens ordinaires n'ont pas le moyen d'obtenir : le De, une matière blanche extrêmement précieuse. Sans De, impossible d'avoir du Gong. C'est une vérité absolue. Pourquoi est-ce que bien des pratiquants n'arrivent pas à augmenter leur Gong malgré leur pratique ? Parce qu'ils n'ont pas progressé dans la cultivation de leur De. Beaucoup de gens parlent du De, disent qu'il faut en avoir. Mais ils ne révèlent pas le principe de la transformation du De en Gong, ils laissent cette question aux pratiquants pour qu'ils comprennent avec leur sens de l'éveil. Les soûtras bouddhistes en plus de dix mille volumes, et tout ce que Sakyamuni a prêché de son vivant pendant plus de quarante ans, tout cela se résume en un seul mot « De ». Les ouvrages taoïstes rédigés dans la Chine antique dissertent sans exception sur le De. Le Tao Te King, écrit par Lao-Tseu, qui tient en cinq mille caractères, parle également du De. Et pourtant, certains n'arrivent tout simplement pas à le comprendre.

Nous parlons de la perte : le gain se fait toujours par la perte. Si vous voulez sincèrement cultiver et pratiquer, vous rencontrerez sans doute des épreuves dues aux démons. Dans la vie du pratiquant, elles peuvent survenir sous forme de douleurs physiques : vous avez mal ici ou là dans votre corps, mais ce n'est plus une maladie. Ou alors surgira soudain un problème dans la société, dans la famille ou au travail : un conflit d'intérêts, ou des histoires qui mettront vos sentiments à rude épreuve. Autant d'occasions pour élever votre Xinxing. Ces épreuves surviennent souvent au moment où vous vous y attendez le moins, parfois brutalement. Quand vous tombez sur une affaire bien fâcheuse qui vous met en grand embarras et vous couvre de honte, quelle sera votre réaction ? Vous serez peut-être calme et sans arrière-pensée. Si vous réussissez sur ce point-là dans votre comportement, votre Xinxing s'élèvera à travers cette situation critique, et votre Gong s'accroîtra d'autant. Si vous y arrivez un tout petit peu, vous obtiendrez un tout petit peu : autant vous aurez payé, autant vous recevrez. Seulement quand on se débat dans une épreuve, on n'en saisit pas toujours la raison. Mais on doit s'efforcer d'en prendre conscience, on ne doit pas faire comme les gens ordinaires. Quand un conflit surgit, on devrait être patient et tolérant. Nous pratiquons parmi les gens ordinaires, notre Xinxing doit aussi être forgé parmi des gens ordinaires. On vous fera trébucher pour que vous en tiriez une leçon. Il est impossible de voir son Gong s'accumuler confortablement sans le moindre problème.

3. La cultivation simultanée de Zhen-Shan-Ren

Notre école de Loi réclame la cultivation simultanée de Zhen-Shan-Ren. Zhen signifie qu'on doit parler vrai, agir vrai, retourner à son origine première et retrouver son authenticité première, et enfin devenir un homme vrai. Shan, c'est la compassion : on accomplit de bonnes actions, on apporte le salut à tous les êtres. Nous insistons particulièrement sur Ren* : c'est seulement en supportant avec patience et tolérance qu'on deviendra une personne de grand De. Ren est quelque chose de très puissant, qui dépasse Zhen et Shan. Tout au long de votre cultivation et de votre pratique, il vous est demandé d'endurer avec patience, de garder votre Xinxing, et de ne pas agir de façon inconsidérée.

Endurer avec patience n'est pas facile dans l'adversité. Certains disent : « Mais on serait un Ah Q* si on ne rendait pas les coups quand on vous frappe, si on ne rétorquait pas quand on vous insulte, si on se laissait humilier devant ses parents et ses amis ? » À mon avis, personne ne vous traitera d'imbécile si vous vous conduisez normalement à tout point de vue, en vous montrant aussi intelligent qu'un autre, à une seule différence près : vous prenez avec légèreté vos intérêts personnels. Ren, ce n'est ni lâcheté ni idiotie. C'est au contraire le signe d'une ferme volonté et d'un bon contrôle de soi. Un héros de l'histoire chinoise, Han Xin, a subi l'humiliation de ramper entre les jambes d'un voyou qui l'avait provoqué. En gardant sa patience, il a fait preuve d'un grand Ren.

Comme le rappelle ce vieux dicton : « Face à un outrage, l'homme du commun dégaine son épée et se bat. » Quand une personne ordinaire se sent humiliée, elle saisit son arme, elle se répand en injures, elle en vient aux mains. Ce n'est facile pour personne de venir vivre dans ce monde. Certains ajoutent encore des difficultés en ne vivant que pour cette vaine dignité. C'est trop fatigant. Un proverbe chinois dit : « Un pas en arrière et la mer est vaste, le ciel immense. » Face à des désagréments, reculez d'un pas et vous verrez les choses tout autrement.

En tant que pratiquant, non seulement vous devez garder une attitude patiente et magnanime envers celui qui vous contrarie ou vous fait un affront, mais vous devez même le remercier. S'il ne vous avait pas fait des histoires, comment pourriez-vous élever votre Xinxing ? Comment vous serait-il possible de transformer la matière noire en matière blanche ? Comment feriez-vous croître votre Gong ? C'est dur sur le moment, mais il faut se contrôler, car les épreuves augmenteront à mesure que votre force de Gong augmentera. L'important est de voir si vous êtes capable d'élever votre Xinxing. Au début, vous êtes peut-être très vexé, vous avez de la peine à réprimer votre fureur, vous êtes tellement énervé que ça vous fait mal au foie et à l'estomac. Mais vous n'avez pas éclaté, vous avez tout avalé : c'est très bien, vous commencez déjà à savoir endurer avec patience, et à le faire volontairement. Vous verrez votre Xinxing progresser continuellement. Peu à peu, ces bagatelles vous laisseront vraiment indifférent. Alors, vous aurez fait un grand pas en avant. Les gens ordinaires font toujours grand cas de ces petits accrochages, ils ne vivent que pour leur vaine dignité sans prendre le moindre recul. Ils sont capables de tout quand la colère leur monte à la tête. En tant que pratiquant, vous devez minimiser ce que les autres considèrent comme grand, vous devez le considérer comme tout petit ou même infime. Parce que vous visez bien plus haut et bien plus loin. Vous allez vivre aussi longtemps qu'existera l'univers. Alors si vous repensez à ce genre de choses, vous les trouverez vraiment dérisoires. Avec un but si élevé à l'esprit, vous n'allez plus vous laisser arrêter par quoi que ce soit.

4. Abandonner la jalousie

La jalousie est un immense handicap pour la pratique de Gong. Elle affecte gravement le pratiquant et porte une atteinte directe à sa force de Gong. Elle risque aussi de blesser les compagnons de pratique. Enfin, elle dérange totalement votre cultivation et votre pratique vers les niveaux plus élevés. Un pratiquant doit s'en débarrasser complètement. Certains, qui ont atteint un bon niveau dans leur pratique de Gong, n'arrivent pourtant pas à l'éliminer. Moins ils réussissent à l'abandonner, plus la jalousie tend à se renforcer. Cette réaction rend très fragile leur Xinxing, déjà élevé dans d'autres domaines. Pourquoi est-ce que j'insiste tellement sur la jalousie ? Parce qu'elle est extrêmement intense chez nous, les Chinois. Elle pèse lourdement sur le cœur des gens, mais beaucoup ne s'en rendent pas compte. La jalousie est une mentalité caractéristique de l'Orient. On l'appelle communément jalousie orientale ou jalousie asiatique. Les Chinois sont très introvertis et très réservés, ils cachent volontiers leurs pensées, ce qui peut les pousser à la jalousie. Chaque médaille a son revers, ce caractère introverti a aussi des aspects positifs et négatifs. Les Occidentaux paraissent bien plus extravertis. Par exemple, quand un enfant a reçu une bonne note à l'école, il court joyeusement à la maison en criant : « J'ai eu cent points... » Les voisins ouvrent la porte ou la fenêtre et partagent son bonheur : « Bravo, Tom ! » En Chine, c'est tout différent : on serait choqué par cette jubilation : « Ce n'est pas la peine de se faire remarquer comme ça, cent points, et alors ? » À cause de la jalousie, on a donc une toute autre réaction.

Les jaloux méprisent les autres et n'acceptent pas qu'on les dépasse. Si d'autres se montrent plus capables, ils perdent leur équilibre psychologique et ne peuvent ni le supporter ni l'accepter. Selon eux, tout le monde doit bénéficier de l'augmentation de salaire et toucher la même prime ; si le ciel s'écroulait, tout le monde devrait partager le même sort. Quand les autres gagnent plus qu'eux, la jalousie les dévore. Bref, ils ne supportent jamais qu'on les dépasse. Dans cette ambiance, un scientifique ayant réussi dans ses recherches n'ose pas toucher son prix par crainte de la jalousie. Un autre gratifié d'un titre honorifique se garde bien d'en parler pour ne pas s'attirer des propos malveillants. Il y a aussi des maîtres de qigong qui ne supportent pas qu'une conférence soit donnée par un autre maître. Ils vont y semer le trouble. C'est là un problème de Xinxing. Parmi les pratiquants qui s'exercent ensemble, certains ont commencé depuis peu de temps, mais ils ont déjà des pouvoirs de Gong. Alors il y en a qui disent : « Qu'est-ce qu'il a de si formidable ? Je pratique depuis tant d'années, j'ai obtenu dans les stages de qigong un tas de diplômes, comment est-ce qu'il peut déjà avoir des pouvoirs de Gong, et pas moi ? » La jalousie montre son nez ! En pratiquant le Gong, on doit toujours regarder en soi, on doit se cultiver et se forger soi-même, chercher la cause en soi-même pour trouver ce qui reste encore à améliorer. Pour s'élever, on doit diriger ses efforts vers l'intérieur. Si vous cherchez les causes et les fautes à l'extérieur, vous verrez que les autres auront déjà progressé dans leur cultivation et se seront élevés, alors que vous restez à la même place. Vous aurez fait cela pour rien, n'est-ce pas ? Dans la cultivation et la pratique, il faut se cultiver soi-même !

Un cœur jaloux peut aussi nuire aux autres pratiquants. Par exemple, des propos désobligeants peuvent les empêcher d'entrer en état de recueillement. Une personne jalouse, si elle a quelques pouvoirs de Gong, peut être tentée de s'en servir pour leur faire du mal. Par exemple il y avait un bon pratiquant, assis en méditation. Comme il possédait du Gong, il était là, comme une montagne. Arrivent en flottant deux choses. L'une avait été autrefois un moine qui, malgré une certaine force de Gong, n'avait pas réussi sa cultivation à cause de sa jalousie. En approchant du pratiquant, son compagnon dit : « Il y a quelqu'un qui fait sa méditation, viens, faisons un détour ! » Mais l'ancien moine rétorque : « Moi, autrefois, j'ai arraché d'un coup de main une bonne partie du mont Taishan ». Alors il lève la main pour donner un coup au pratiquant. Mais son bras reste suspendu en l'air, parce que la personne assise cultivait et pratiquait une Loi juste et qu'elle était sous une cloche de protection. C'est pourquoi l'autre a été incapable de la frapper. Mais le cas était grave parce que le moine voulait faire du mal à un pratiquant d'une Loi juste : il a été puni par la suite. L'homme jaloux fait du mal aux autres autant qu'à lui-même.

5. Abandonner le cœur d'attachement

Le cœur d'attachement signifie la recherche excessive, l'obsession pour une chose ou un but particulier, dont on n'arrive pas à se défaire. On s'obstine malgré les conseils des autres. Certains courent après des pouvoirs de Gong en ce monde, ce qui affecte inévitablement leur progrès dans la cultivation et la pratique vers les niveaux élevés. Plus ce désir devient intense, plus il leur est difficile de lâcher prise. Leur psychisme devient instable et déséquilibré. Finalement, ils pensent que cela ne leur a rien apporté et commencent à mettre en doute ce qu'ils ont appris. Le cœur d'attachement provient du désir de la personne et se caractérise par des objectifs précis et concrets, mais très limités. En général, le pratiquant lui-même n'en est pas conscient. Chez les gens ordinaires, les attachements sont nombreux et variés. Pour atteindre un but, pour se procurer un objet, ils sont prêts à utiliser tous les moyens. Mais chez les pratiquants, les attachements apparaissent tout autrement. Par exemple, aspirer à certains pouvoirs de Gong, se complaire dans des visions, chercher à se faire remarquer, etc. Pour un pratiquant, quoi que vous recherchiez, ce n'est pas bien. Il faut renoncer à tout cela. L'école des taos enseigne le rien*, l'école des bouddhas prêche la vacuité* et comment entrer par la porte de la vacuité. Comme nous devrons finalement parvenir à l'état de rien et de vacuité, il faut supprimer tout attachement et délaisser tout ce qui vous tient à cœur. Par exemple les pouvoirs de Gong : vous en voulez parce que vous désirez les utiliser, ce qui va à l'encontre de la nature de l'univers. C'est encore un problème du Xinxing. Désirer ces pouvoirs, c'est tout simplement vouloir en faire étalage pour montrer vos talents. Mais ces choses-là ne sont pas faites pour être montrées. Même dans une bonne intention : vous voulez en faire bon usage, seulement le résultat ne sera pas nécessairement un bienfait. Utiliser des moyens paranormaux pour s'occuper des affaires des gens ordinaires, ça n'aura peut-être pas d'effets positifs. Quelqu'un m'avait entendu dire, pendant les cours, que 70 % des élèves avaient l'œil céleste ouvert. Alors il s'est dit : « Et moi, pourquoi n'ai-je rien senti ? » En s'exerçant à la maison, il a concentré son attention sur l'endroit de l'œil céleste jusqu'à en attraper une migraine, mais il n'a rien vu quand même. C'est ça, un cœur d'attachement. Chacun est différent dans sa constitution physique et dans sa prédisposition innée. On ne peut pas voir avec son œil céleste au même moment que les autres, ni au même niveau. Certains peuvent voir, d'autres non. C'est tout à fait normal.

Un cœur attaché peut retarder ou empêcher le développement de la force de Gong. Dans les cas graves, il entraîne le pratiquant vers une loi perverse. En particulier, des gens au Xinxing peu élevé peuvent faire un mauvais usage de certains pouvoirs de Gong. Les exemples ne manquent pas. Ainsi, un étudiant à l'université avait acquis le pouvoir de commander les autres par la pensée. Avec un tel pouvoir, cet étudiant a commis des méfaits. Au cours de leur pratique, d'autres pratiquants ont eu des visions : ils veulent absolument les revoir en détail pour les tirer au clair. C'est aussi un attachement. Certains sont tellement accrochés à un hobby, c'est devenu une manie : ils ne peuvent s'en passer. Encore un attachement. La prédisposition et les intentions de chaque pratiquant sont différentes, les uns souhaitent accéder au niveau le plus élevé, tandis que les autres veulent seulement acquérir quelque chose. Cet état d'esprit impose inévitablement des limites au but de leur pratique. S'ils n'arrivent pas à se débarrasser de cet attachement, leur Gong ne progressera pas malgré les exercices. Les pratiquants de Gong doivent donc prendre avec légèreté tous les intérêts matériels, ne rien rechercher, laisser les choses suivre leur cours naturel et ainsi ne pas laisser surgir un cœur d'attachement. En fin de compte, cela dépend de votre Xinxing. Si vous n'améliorez pas radicalement votre Xinxing, il y aura toujours un attachement ou un autre qui vous empêchera de réussir votre cultivation.

6. Le karma

L'origine du karma

Le karma est une matière noire à l'opposé du De. Dans le bouddhisme, on l'appelle le mauvais karma. Nous l'appelons simplement karma. Pour cette raison, commettre des méfaits signifie accumuler le karma. Le karma est créé par des méfaits commis dans la vie présente et dans les vies précédentes : tuer, maltraiter, faire triompher ses intérêts, médire derrière le dos de quelqu'un, être inamical, etc. Tout cela conduit à accumuler du karma. Une partie du karma peut aussi être transmise par les aïeux, les parents ou les amis. Quand une personne donne des coups de poing à une autre, elle envoie en même temps une partie de son De à sa victime. Le même endroit de son corps d'où est partie sa matière blanche se remplira de matière noire. Tuer des êtres est le pire des méfaits, qui peut engendrer un très lourd karma. Le karma est une cause importante des maladies de l'être humain. Bien sûr, il ne se manifeste pas nécessairement sous forme de maladie, il peut aussi se convertir en toutes sortes d'ennuis. Pour cette raison, le pratiquant doit absolument éviter de faire du mal, car toute action mauvaise produira des influences négatives, qui affecteront gravement sa pratique de Gong.

Certains préconisent la collecte du Qi végétal et enseignent dans leurs cours comment le cueillir. Ils se font un plaisir d'expliquer quel arbre a le meilleur Qi et quelle est la couleur du Qi de tel ou tel arbre. Dans un parc au Nord-Est de la Chine, on voyait des gens s'exercer à je ne sais quel qigong : ils se roulaient par terre et une fois relevés, ils tournaient autour des pins pour recueillir le Qi végétal. En six mois seulement, ces arbres se sont étiolés. En fait ils ont tué des êtres et en même temps ils ont accumulé du karma ! Cueillir du Qi végétal est une mauvaise action, tant du point de vue écologique que du point de vue des niveaux élevés. L'univers est grandiose et infini, il y a beaucoup de Qi partout, vous pouvez en absorber tant que vous voulez, alors pourquoi maltraiter ces arbres ? Si vous êtes un pratiquant de Gong, où est alors votre cœur de compassion ?

Toute chose a une intelligence. La science moderne a déjà prouvé que les plantes ont non seulement une vie, mais aussi une intelligence, qu'elles sont douées de pensées, de sentiments et de facultés extrasensorielles. Lorsque votre œil céleste aura atteint le niveau de l'œil de la Loi, vous découvrirez une autre vision du monde : dès que vous sortez, les pierres, les murs et les arbres vous saluent. Tout objet possède la vie. Aussitôt qu'un objet est formé, on injecte une vie en lui. La division des objets en matière organique et inorganique n'est qu'une invention des gens de notre planète. Un moine, lui, aura le cœur navré quand il casse un bol, car du bol brisé s'échappe un être qui n'a pas achevé le trajet de sa vie et qui ne sait plus où aller. C'est pourquoi cet être voue une haine farouche à son assassin, lequel verra son karma s'alourdir à la mesure de cette haine. Il y a même des « maîtres de qigong » qui vont à la chasse ! Où est donc leur cœur de compassion ? Ni l'école des bouddhas, ni l'école des taos n'agissent à l'encontre de la Loi céleste. Ce qu'ils font, c'est ni plus ni moins tuer.

Certains demandent s'ils peuvent pratiquer le Gong parce qu'ils ont accumulé beaucoup de karma en tuant des poissons et des poulets, en pêchant, etc. Bien sûr que vous pouvez pratiquer le Gong. Quand vous avez fait cela, vous n'étiez pas conscient des conséquences. Cela ne va pas augmenter votre karma. Mais vous ne devez plus recommencer : il n'est plus permis de commettre les mêmes fautes en connaissance de cause. Certains de nos élèves ont contracté un karma de ce genre. Cependant, le fait de participer à notre stage montre bien votre affinité prédestinée et votre capacité à cultiver et pratiquer vers des niveaux élevés.

Mais alors, faut-il tuer les mouches et les moustiques quand ils entrent dans la chambre ? Au niveau où vous êtes, les écraser ne constitue encore pas une faute pour vous. Tant pis pour eux s'ils ne peuvent être chassés à l'extérieur. Quand le temps est venu pour un être de mourir, il mourra naturellement. Un jour Sakyamuni voulut prendre un bain et pria un de ses disciples de nettoyer la baignoire. Ce dernier y trouva des insectes et revint lui demander ce qu'il devait faire. Sakyamuni répéta : « Ce que je te demande de nettoyer, c'est la baignoire.» Le disciple comprit soudain et alla vite nettoyer la baignoire. Certains problèmes ne doivent pas être pris trop au sérieux et on ne vous demande pas d'être prudent à l'extrême. La vie est déjà bien compliquée. Si on a toujours peur de commettre la moindre erreur, ça ne va pas. À mon avis, c'est de nouveau un attachement. La peur elle-même est un attachement.

On doit avoir un cœur de compassion, et on ne fera pas d'erreurs si l'on agit en toutes circonstances avec ce cœur de compassion. En prenant avec légèreté vos intérêts personnels et en ayant plus de bonté au cœur, vous serez guidé pour éviter de faire du mal. Par contre, si vous êtes toujours irrité, agressif, prêt à vous battre, les meilleures choses se gâteront entre vos mains. J'ai rencontré des gens qui croient toujours avoir raison. Ça les rend intolérants. Quand ils ont raison, ils se croient autorisés à malmener les autres. Et puis, ne colportez pas des ragots sur telle ou telle affaire même si vous la trouvez révoltante, car tout ce qui vous révolte n'est pas forcément erroné. Un pratiquant qui ne cesse d'élever son niveau ne doit plus parler à tort et à travers : chaque phrase qu'il prononce est chargée d'énergie et peut agir sur les gens ordinaires. On risque de commettre des méfaits et d'accumuler du karma car on ne voit pas les vrais aspects du problème ni les relations de causalité et d'affinité.

L'élimination du karma

Tout comme la Loi céleste, la loi terrestre exige qu'on paie ses créanciers. Une personne ordinaire devra aussi payer son dû. Les épreuves et les malheurs qu'on rencontre toute sa vie résultent du karma. On doit s'acquitter de ses dettes. Quant aux vrais pratiquants, le chemin de leur vie sera réarrangé. Ils seront engagés dans une nouvelle voie pour leur permettre de cultiver et pratiquer. Le poids du karma que vous portez en vous sera en partie réduit par le maître et le reste servira à élever votre Xinxing. Et en pratiquant le Gong, en cultivant et forgeant le Xinxing, vous rembourserez ou compenserez votre dette. Tous les problèmes que vous rencontrerez désormais ne seront plus fortuits, il faut vous y préparer psychologiquement. Il s'agit de vous confronter à des épreuves et de vous faire abandonner toutes les choses auxquelles les gens ordinaires ne peuvent renoncer. Vous allez rencontrer beaucoup d'ennuis. Ils surgiront dans votre famille ou dans la société. Un malheur soudain vous tombe dessus, ou bien on va vous accabler de reproches, vous traiter injustement, alors que la faute incombe à quelqu'un d'autre, et ainsi de suite. Normalement un pratiquant ne devrait pas être malade, mais un jour un trouble sérieux se déclare brusquement sans crier gare, et vous souffrez terriblement. Vous allez vous faire examiner à l'hôpital, mais le diagnostic n'aboutit à rien. Quelque temps après, vous vous êtes guéri tout seul, sans savoir comment. En réalité, c'est sous cette forme que vous avez remboursé des dettes. Peut-être qu'un jour votre conjoint vous fera une scène sans raison valable. Un petit détail déclenche une violente querelle... qui après coup lui paraîtra ridicule aussi. Comme vous êtes pratiquant, vous devez vous rendre compte pourquoi ce genre de choses arrive : c'est le karma qui vient frapper et vous demande un remboursement. À ce moment-là, vous devez vous maîtriser, garder votre Xinxing pour minimiser les disputes. Félicitez-vous de cette occasion tout en remerciant votre conjoint de vous aider à éliminer votre karma.

Quand on reste longtemps à pratiquer la méditation en lotus, on a mal aux jambes, et certains ont une douleur atroce. Celui qui a l'œil céleste ouvert à un niveau élevé peut voir, au moment où la douleur devient très aiguë, un grand amas de matière noire qui se détache de l'intérieur et de l'extérieur du corps. Quand on est assis en lotus, la douleur semble si vive, si lancinante. Mais les pratiquants doués d'un bon sens de l'éveil s'accrochent sans défaire leurs jambes, laissant la matière noire diminuer et se transformer en matière blanche, puis en Gong. Pourtant le karma ne saurait être totalement éliminé par les exercices et la méditation assise. On devra encore élever son Xinxing et son sens de l'éveil, ainsi qu'endurer des épreuves dues aux démons. L'important est d'agir en personne bonne et bienveillante. Le cœur bienveillant de Shan émerge rapidement chez les pratiquants de Falun Gong : certains, à peine assis en pratique, commencent à verser des larmes sans raison. Quel que soit l'objet de leurs pensées, ils s'affligent. Quel que soit l'être qu'ils regardent, ils voient la souffrance. C'est le cœur de compassion qui émerge en eux. Cela signifie que votre nature innée et votre moi véritable commencent à se connecter à la nature de l'univers Zhen-Shan-Ren. Quand un cœur bienveillant apparaît en vous, tous vos comportements sont empreints de bonté. Au premier regard, on remarquera que de l'intérieur de votre cœur jusqu'à votre apparence extérieure vous êtes plein de bonté et de Shan. Dès ce moment, personne ne vous malmènera. Même si quelqu'un essayait encore de vous faire du mal, votre cœur de grande compassion vous rendrait incapable de lui rendre la pareille. C'est aussi une force, elle vous incitera à ne pas agir comme les gens ordinaires.

Votre cœur de compassion vous aidera à surmonter les épreuves. En plus mon Fashen vous garde et vous protège, mais cela n'empêche pas que vous devez endurer vos épreuves. Par exemple, quand j'étais à Taiyuan, un couple âgé participait à mon stage. Ils traversaient en hâte la rue et quand ils sont arrivés au milieu de la rue, une voiture a surgi à toute vitesse, renversant la vieille dame. Elle a été traînée sur plus de dix mètres avant de tomber lourdement sur le pavé. La voiture a roulé au moins vingt mètres avant de s'arrêter. Le chauffeur a sauté hors de sa voiture en vociférant, son passager a fait de même. Mais la dame âgée n'a rien répondu et au même instant elle s'est souvenue de mes paroles. Après s'être relevée, elle a dit : « Ce n'est rien, ce n'est rien, je ne suis pas blessée ». Puis elle est partie au bras de son époux pour rejoindre la salle de conférences. Mais si elle avait crié : « Oh ! je suis blessée par ici, par là, emmenez-moi à l'hôpital ! », alors elle aurait eu un réel traumatisme. Mais elle ne l'a pas fait. Après coup, elle m'a dit : « Maître, je sais ce que cela signifie. C'était pour m'aider à réduire mon karma ! » Elle a passé une grande épreuve qui a évacué un grand amas de karma. Vous voyez que son Xinxing était élevé et qu'elle avait un bon sens de l'éveil. À son âge, avec cette voiture qui roulait si vite, après avoir été traînée si loin, après une chute si violente, elle a pu se relever. C'est qu'elle avait un cœur droit.

Il arrive que certaines épreuves vous paraissent immenses. Vous avez beau vous creuser la tête, vous ne voyez aucune issue. Vous tournez en rond plusieurs jours, et tout à coup la solution est là. Les choses ont tourné autrement. C'est parce que votre Xinxing s'est élevé entre temps ; ainsi l'épreuve a disparu naturellement.

Pour élever votre état d'esprit, il vous faudra traverser toutes sortes de tribulations. Si votre Xinxing s'améliore et devient stable, votre karma s'éliminera, vous passerez l'épreuve, et votre Gong s'accroîtra. Mais si vous n'avez pas réussi à préserver votre Xinxing dans cette épreuve-là et si vous avez commis des fautes, ne vous découragez pas. Essayez d'en tirer les leçons et de trouver vos défauts, faites plus d'efforts pour mettre en pratique Zhen-Shan-Ren. Car il se peut qu'une nouvelle épreuve suive immédiatement. À mesure que votre force de Gong s'accroît, les tribulations pour éprouver votre Xinxing peuvent être encore plus violentes et plus brusques. Chaque épreuve surmontée représente pour vous un accroissement de la force du Gong, et chaque échec en retarde le progrès. À petite épreuve, petite augmentation du Gong, à grande épreuve, grande augmentation. J'espère que chaque pratiquant sera prêt à se confronter à de grandes épreuves et qu'il aura la détermination et la persévérance nécessaires pour les endurer. Sans payer de soi-même, on n'obtient jamais le véritable Gong. Car il n'y a aucune raison d'obtenir le Gong confortablement, sans peine ni épreuve. Si on n'améliore pas radicalement son Xinxing, si on garde le moindre attachement, on ne parviendra jamais à devenir un grand Éveillé.

7. Attirer des démons

Attirer des démons signifie qu'au cours de la pratique de Gong apparaissent des visions ou des phénomènes perturbateurs. Leur but est de vous empêcher de cultiver et de pratiquer vers les niveaux élevés. Autant dire qu'il s'agit de démons venant réclamer leur dû.

Il est inévitable d'être l'objet d'interférences des démons quand on cultive et pratique vers des niveaux élevés. Une personne, ou ses aïeux, ont forcément commis des actions mauvaises durant leurs vies et ces méfaits sont appelés karma. Que la prédisposition d'une personne soit bonne ou mauvaise dépend de la quantité du karma qu'elle porte. Même une très bonne personne a aussi son karma. Seulement, si on ne cultive et ne pratique pas, on ne s'en rend pas compte. Si vous le faites seulement pour améliorer votre santé et guérir vos maladies, les démons vous laissent tranquille. Par contre, si vous cultivez et pratiquez pour atteindre des niveaux élevés, ils viennent vous importuner. Ils vous dérangeront par tous les moyens, afin d'entraver votre cultivation et votre pratique et vous empêcher d'atteindre des niveaux élevés. Les démons se manifestent sous diverses formes : par des événements de la vie quotidienne, ou par des phénomènes venant d'autres espaces. Ils commandent les choses qui vous dérangent ; dès que vous vous asseyez pour méditer, vous serez tellement dérangé qu'il vous sera impossible d'entrer dans la tranquillité et donc de cultiver vers des niveaux élevés. Parfois, vous serez assailli par le sommeil ou par d'innombrables pensées. Ou encore, alors qu'avant tout était calme, des bruits de pas, des claquements de porte, des klaxons, des appels téléphoniques, des tapages en tout genre vous empêchent de trouver la tranquillité.

Il existe encore une autre forme : c'est le démon de la luxure. Au cours de votre pratique en méditation assise, ou dans vos rêves apparaîtra une belle femme ou un bel homme, qui vous excitera avec ses charmes et ses gestes aguichants. Si vous échouez une première fois, cela peut recommencer jusqu'à vous faire renoncer à la cultivation et à la pratique vers les niveaux élevés. Voilà une épreuve très difficile à franchir, et à cause d'elle, beaucoup de pratiquants abandonnent en cours de route. J'espère que vous vous préparerez mentalement à cette épreuve. Si vous avez échoué une première fois, il faut sérieusement en tirer les leçons, car le démon vous harcèlera tant que vous ne saurez pas bien garder votre Xinxing et que vous n'aurez pas abandonné cet attachement. C'est une grande épreuve qu'il faut surmonter coûte que coûte si vous voulez attendre le Tao et réussir votre cultivation.

Une autre forme de démon se manifeste de la manière suivante : pendant la pratique ou dans les rêves, on voit soudain des visages hideux et féroces, ou des démons armés de couteaux comme s'ils étaient prêts à tuer. Mais ils ne peuvent rien faire d'autre que menacer. S'ils étaient réellement à même de porter un coup, ils seraient incapables d'atteindre un pratiquant car le Maître a déjà mis autour de son corps une cloche de protection. Ces menaces ne servent qu'à vous empêcher de continuer votre pratique. Toutes ces apparitions éphémères se produisent à un niveau donné et à une certaine étape. Elles peuvent durer quelques jours, une ou plusieurs semaines. La durée dépend du niveau de votre Xinxing et de votre attitude face à ce phénomène.

8. La prédisposition et le sens de l'éveil

La prédisposition est déterminée par la matière blanche que l'on porte à sa naissance, c'est-à-dire le De qui est une forme tangible de matière. La personne qui a beaucoup de De est à coup sûr douée d'une bonne prédisposition. La personne bien prédisposée a plus de facilité pour retourner à son authenticité première et pour atteindre la Voie, parce qu'elle n'a pas d'entraves dans son esprit. Dès qu'elle entend parler de l'enseignement du qigong, de cultivation et de pratique, elle manifeste son intérêt et son désir d'apprendre, elle peut se connecter à l'univers. Comme l'a dit Lao-Tseu : « Quand une personne supérieure entend parler du Tao, elle le pratique avec diligence ; quand une personne moyenne entend parler du Tao, tantôt elle le pratique, tantôt non ; quand une personne inférieure entend parler du Tao, elle rit aux éclats, si elle n'en riait pas, ce ne serait pas le Tao. » Celui qui peut facilement revenir à son authenticité première et atteindre la Voie est certainement une personne supérieure. Par contre, celui qui a davantage de matière noire, ou celui qui est moins bien prédisposé, aura son corps voilé d'un écran qui l'empêchera d'accepter les bonnes choses. S'il lui arrivait de les rencontrer, la matière noire l'amènerait à les mettre en doute. C'est en réalité l'un des effets du karma.

Quand on parle de prédisposition, on aborde inévitablement la question du sens de l'éveil. Certains confondent toujours la compréhension par le sens de l'éveil avec l'intelligence. Mais celui qui apparaît comme intelligent ou malin aux yeux des gens ordinaires est bien loin de la cultivation et de la pratique. Ce genre de personnes intelligentes ont généralement beaucoup de peine à obtenir l'éveil, parce qu'elles ne sont concernées que par des choses pratiques de ce monde matériel. Elles n'acceptent jamais d'être défavorisées ni de renoncer au moindre avantage. En particulier, certains, fiers de leur érudition et de leur intelligence, considèrent la cultivation et la pratique comme des contes des mille et une nuits. La cultivation du Xinxing et la pratique de Gong leur paraissent impensables et à leurs yeux, les pratiquants ne sont que des imbéciles et des superstitieux. Ainsi, le sens de l'éveil dont nous parlons ne désigne pas l'intelligence de la personne, mais la faculté de sa nature humaine à retourner à son authenticité première, à se comporter comme quelqu'un de bon et à se conformer à la nature de l'univers. La prédisposition détermine le sens de l'éveil, mais ce n'est pas absolu. Une bonne prédisposition ne sert à rien si on n'a pas la compréhension pour en prendre conscience. Par contre, ceux qui n'ont pas une bonne prédisposition mais un bon sens de l'éveil, peuvent quand même cultiver vers des niveaux élevés. Nous offrons le salut à tous les êtres, aussi prêtons-nous de l'importance au sens de l'éveil et non à la prédisposition. Une fois que vous serez résolu à cultiver vers les niveaux élevés, même si vous portez en vous beaucoup de mauvaises choses, cette pensée qui vous habitera est une pensée droite. Grâce à cette pensée, vous pourrez encore réussir votre cultivation, mais vous aurez à payer un peu plus que les autres.

Le corps d'un pratiquant est déjà épuré. Après l'apparition du Gong, il ne peut plus devenir malade, car la matière de haute énergie dans son corps ne permet plus la présence de la matière noire. Certains restent incrédules, ils se croient encore malades et se plaignent : « Mais pourquoi est-ce que j'ai si mal ? » Réfléchissez : vous avez obtenu du Gong, une chose tellement merveilleuse ! Comment pourriez-vous ne pas souffrir ? La cultivation et la pratique nécessitent justement une perte relative. Le symptôme n'est que superficiel, cela ressemble à une maladie, mais ce n'en est pas une du tout. Ça n'abîme pas votre corps. Comprendre cela dépend entièrement de votre sens de l'éveil. Un pratiquant doit être non seulement capable d'endurer les épreuves dans les épreuves, mais aussi posséder un bon sens de l'éveil. Or, quand ils rencontrent des ennuis, certains refusent même d'essayer de comprendre. Je parle sans arrêt de choses des niveaux élevés, je vous explique comment un pratiquant doit s'imposer des critères élevés, et pourtant il y en a encore qui se comportent comme des gens ordinaires. Ils n'arrivent même pas à se considérer comme de véritables pratiquants et à croire qu'ils pourront atteindre des niveaux élevés.

L'éveil dont on parle aux niveaux élevés signifie entrer dans un état d'éveil. On parle d'éveil subit et d'éveil graduel. Dans le premier cas, tout le processus de cultivation et de pratique se déroule dans un état verrouillé. À la dernière seconde, quand la cultivation et la pratique seront accomplies et que son Xinxing aura atteint un niveau très élevé, le pratiquant verra ses pouvoirs de Gong se libérer entièrement d'un coup. Il aura d'emblée son œil céleste ouvert au point culminant du niveau où il se trouve, son esprit pourra communiquer avec des vies supérieures se trouvant dans d'autres espaces, il verra subitement la réalité de tous les espaces et de tous les mondes unitaires de l'univers entier, il pourra entrer en contact avec eux et sera doté de grands pouvoirs divins. L'éveil subit constitue le chemin le plus difficile ; au cours de l'histoire, seules des personnes ayant une grande prédisposition spirituelle ont été choisies pour en recevoir la transmission. Elle était donnée à un seul disciple. Elle serait insupportable pour les pratiquants ordinaires ! Moi-même, j'ai suivi la voie de l'éveil subit.

Ce que je vous transmets à présent relève de l'éveil graduel. Au cours du processus de cultivation et de pratique, vous obtiendrez les pouvoirs de Gong au moment venu, mais cela ne veut absolument pas dire que vous pourrez en disposer tout de suite. Il faudra attendre que votre Xinxing atteigne la hauteur requise et que vous arriviez à vous maîtriser pour en faire bon usage, mais en fin de compte ils seront à vous. Par votre cultivation et votre pratique, vous progressez graduellement vers des niveaux toujours plus élevés, et vous comprenez peu à peu la vérité de l'univers. Finalement, comme avec l'éveil subit, vous atteindrez la Plénitude parfaite. L'éveil graduel est une voie plus aisée et sans danger. La difficulté est que vous pouvez voir tout le processus de votre cultivation et de votre pratique : vous devrez donc vous montrer plus exigeant envers vous-même.

9. Le cœur clair et tranquille

Certains ne peuvent atteindre l'état de tranquillité au cours de leur pratique et cherchent des méthodes pour y arriver. Quelqu'un m'a demandé : « Maître, pourquoi ne puis-je pas calmer mon esprit pendant la pratique ? Pourriez-vous me conseiller une méthode ou une technique pour calmer mes pensées pendant la méditation assise ? » À mon avis, même si c'était un immortel qui vous en donnait le moyen, vous n'y arriveriez pas. Et pourquoi ? Parce que votre cœur n'est pas clair et tranquille. Vous vivez dans la société et votre cœur est sans cesse envahi par les sept émotions* et les six désirs*, par toutes sortes d'intérêts personnels, par vos propres affaires et même celles de vos parents et de vos bons amis. Tout cela occupe trop vos pensées et y prend la première place. Alors comment pourriez-vous entrer dans la tranquillité pendant la méditation assise ? Vous faites un effort pour les refouler, mais ces pensées refont surface automatiquement.

Le bouddhisme préconise dans ses méthodes « préceptes, recueillement, sagesse ». « Préceptes » signifie qu'il faut renoncer à nos attachements. Certains recourent à l'invocation continue du nom de Bouddha : on le répète jusqu'à ce que l'esprit se concentre sur ce seul mot, une seule pensée remplace dix mille autres. Mais c'est un genre de Gongfu et pas une méthode. Si vous ne me croyez pas, essayez de psalmodier le nom de Bouddha et vous verrez que votre tête bouillonnera d'autres pensées. Naguère, les lamas tibétains devaient évoquer le nom de Bouddha des centaines de milliers de fois par jour et cela durait toute une semaine. À force de réciter jusqu'à l'étourdissement, ils n'avaient finalement plus rien d'autre en tête : une seule pensée avait remplacé toutes les autres. Mais tout le monde n'est pas capable de maîtriser ce Gongfu. D'autres méthodes vous conseillent de vous concentrer sur le champ de cinabre, de compter, ou de fixer un objet, mais rien ne vous assure la tranquillité absolue. Un pratiquant doit avoir un cœur clair et tranquille, se détacher de ses intérêts personnels et abandonner son cœur avide.

En fait, la capacité d'entrer dans la tranquillité, dans le recueillement reflète la hauteur du Gongfu et le niveau atteint par le pratiquant. La capacité d'entrer dans la tranquillité dès que l'on prend la position assise est la manifestation de votre niveau. Ce n'est pas grave si vous êtes incapable d'y arriver pour le moment, vous y parviendrez progressivement au cours de votre cultivation et de votre pratique. On améliore son Xinxing et on augmente son Gong peu à peu. Sans prendre avec légèreté vos désirs et vos intérêts personnels, votre Gong ne grandira pas.

Le pratiquant doit en tout temps exiger beaucoup de lui-même selon des critères élevés. Dans la société, les pratiquants sont constamment affectés par toutes sortes de phénomènes sociaux compliqués, toutes sortes de choses vulgaires ou malsaines, ainsi que par les sept sentiments et les six désirs. Télévision, films et littérature vous incitent à développer une forte personnalité, à devenir une personne encore plus « réaliste » parmi les gens ordinaires. Si vous ne pouvez pas vous sortir et vous détacher de tout cela, vous vous éloignerez encore plus du Xinxing et de l'état d'esprit que doit avoir un pratiquant. Plus le fossé sera grand, moins vous obtiendrez de Gong. Le pratiquant doit refuser ou éviter le plus possible le contact avec les choses mesquines et malsaines, il doit faire comme s'il les regardait sans les voir, les écoutait sans les entendre, et ne pas se laisser influencer par les autres. Moi, je dis souvent que les sentiments des gens ordinaires ne peuvent m'affecter. Les louanges ne peuvent me plaire, ni les injures me mettre en colère. Quelles que soient les interférences affectant le Xinxing parmi les gens ordinaires, elles ne produisent aucun effet sur moi. Un pratiquant doit prendre ses propres intérêts avec légèreté et avoir un cœur détaché. C'est alors que son cœur sera prêt à s'éveiller dans la Voie. En considérant le prestige, le profit et les choses de même acabit comme des futilités, vous n'aurez plus à vous inquiéter, à vous indigner. Vous serez toujours dans un état d'esprit équilibré. Quand on peut se détacher de tout, le cœur devient naturellement clair et tranquille.

Je vous ai transmis Dafa, je vous ai enseigné les cinq exercices. J'ai ajusté votre corps, j'y ai installé le Falun et les mécanismes énergétiques, de plus mes Fashen vont vous protéger. Je vous ai donné tout ce qu'il fallait vous donner. Durant le stage tout dépendait de moi, maintenant tout dépend de vous. « Le maître vous amène à franchir le seuil de la cultivation et de la pratique, les poursuivre devient votre affaire. » Si vous pouvez étudier à fond Dafa, faire attention et apprendre de vos expériences, si vous pouvez préserver à tout moment votre Xinxing, cultiver avec persévérance, surmonter les épreuves dans les épreuves et endurer avec patience ce qui est difficile à endurer, je suis convaincu que vous parviendrez sûrement à réussir dans votre cultivation et votre pratique.

La cultivation du Gong a un chemin, le cœur est la voie
Dafa n'a pas de limites, la souffrance sert de bateau.

Chapitre IV

LES PARTICULARITÉS DE LA MÉTHODE

Falun Fofa est une cultivation et une pratique de niveau élevé de l'école des bouddhas dans laquelle le principe fondamental consiste à s'assimiler à Zhen-Shan-Ren, la nature suprême de l'univers. Guidées par cette nature suprême, la cultivation et la pratique se basent sur les principes de l'évolution cosmique. Ce que nous cultivons est la Grande Loi (Dafa), la Grande Voie (Datao).

Falun Fofa vise directement le cœur de la personne. Elle souligne clairement que cultiver et forger le Xinxing est la clé de l'accroissement du Gong. La hauteur du Gong est déterminée par celle du Xinxing. C'est la vérité absolue de l'univers. Le Xinxing comprend la transformation du De (une sorte de matière blanche) et du karma (une sorte de matière noire). Il implique l'abandon de tous les désirs et attachements des gens ordinaires. Il demande aussi la capacité d'endurer les épreuves dans les épreuves. Il comprend encore beaucoup d'aspects nécessaires à la cultivation vers les niveaux élevés.

Falun Fofa inclut aussi la cultivation de la vie qui s'effectue par les mouvements des exercices de la Grande Voie de l'Accomplissement de Dafa – la méthode de niveau élevé de l'école des bouddhas. Les mouvements servent d'une part à renforcer les pouvoirs de Gong et les mécanismes grâce à la puissante force de Gong de sorte que c'est la Loi qui forge la personne. Ils servent d'autre part à développer à l'intérieur du corps beaucoup de vies. Aux niveaux élevés de la cultivation et de la pratique, l'Enfant originel ou le Corps de bouddha va apparaître et une multitude de choses liées à des techniques prodigieuses se développeront. Les mouvements sont nécessaires pour les développer. Les exercices font partie de l'harmonisation intégrale et permettent d'atteindre la Plénitude parfaite dans notre Dafa ; c'est une méthode complète de cultivation et pratique qui vise à cultiver à la fois la nature et la vie. Elle est appelée aussi la Grande Voie de l'Accomplissement. Elle requiert et la cultivation et la pratique : la cultivation d'abord, la pratique ensuite. Si vous ne faites que les exercices sans cultiver le Xinxing, votre Gong ne grandira pas ; si vous ne cultivez que le Xinxing sans pratiquer les exercices de la Grande Voie de l'Accomplissement, votre force de Gong sera bloquée et votre Benti ne pourra pas non plus se transformer.

Il y a des gens avec des affinités prédestinées et des gens qui ont cultivé et pratiqué durant de longues années sans réussir à accroître leur Gong. Pour permettre à plus d'entre eux d'obtenir la Loi, de cultiver et de pratiquer dès le début à des niveaux élevés, pour leur permettre d'augmenter rapidement leur force de Gong et d'arriver directement à la Plénitude parfaite, j'ai transmis ici au public cette Grande Loi de cultivation de bouddha avec laquelle je me suis cultivé et éveillé dans un passé fort lointain. Cette méthode est caractérisée par l'harmonie et la sagesse, ses mouvements sont simples et concis. La Grande Voie est très simple et facile.

La cultivation et la pratique du Falun Fofa est axée sur le Falun. Le Falun est une entité matérielle de haute énergie, douée d'intelligence et en rotation. Le Falun que j'ai implanté dans le bas-ventre du pratiquant ne cesse de tourner chaque jour 24 heures sur 24. (Un véritable pratiquant peut aussi obtenir le Falun en lisant mes livres ou en regardant ou en écoutant mon enseignement sur les vidéos ou sur les cassettes, ou encore en apprenant et en pratiquant auprès des disciples de Dafa). Le Falun aide automatiquement la personne dans la pratique. Cela veut dire que même si elle n'est pas sans arrêt en train de pratiquer, le Falun ne cesse de la forger. De toutes les écoles de cultivation et de pratique répandues dans le monde actuel, c'est la seule qui est parvenue à ce que « la Loi forge la personne».

Le Falun en rotation a la même nature que l'univers, il est l'univers en miniature. La roue de la Loi de l'école des bouddhas, le Yin et le Yang de l'école des taos, et tout ce qui existe dans le Monde des dix directions, se reflètent sans aucune exception dans le Falun. Sa rotation vers l'intérieur (dans le sens des aiguilles d'une montre) donne le salut au pratiquant lui-même : elle permet d'absorber une grande quantité d'énergie de l'univers et la transforme en Gong. Sa rotation vers l'extérieur (dans le sens inverse des aiguilles d'une montre) donne le salut aux autres : elle permet de dégager l'énergie, d'apporter le salut à tous les êtres et de redresser tous les états anormaux – tous les gens se trouvant autour du pratiquant en bénéficieront.

Le Falun Dafa que vous cultivez et pratiquez vous assimile à Zhen-Shan-Ren, la nature suprême de l'univers. Il se distingue radicalement de toutes les autres méthodes. Ses particularités se résument principalement en huit points :

1. On cultive et forge le Falun, sans forger ni former le cinabre

Le Falun a la même nature que l'univers, il est une entité matérielle de haute énergie, doué d'intelligence et en rotation. Il ne cesse de tourner dans le bas-ventre du pratiquant, absorbe sans arrêt de l'énergie de l'univers, la faisant évoluer et la transformant en Gong. C'est pourquoi la cultivation et la pratique de Falun Dafa permet d'augmenter le Gong et d'arriver à la libération du Gong d'une façon particulièrement rapide. Ceux qui ont cultivé même depuis plus d'un millénaire veulent obtenir ce Falun, mais ils n'y parviennent pas. Actuellement, toutes les autres méthodes répandues et popularisées dans la société s'engagent dans la voie de la transmutation du cinabre pour le cristalliser : on les appelle « qigong de la voie du cinabre ». Pour ceux qui pratiquent une telle voie, il est très difficile d'accéder à la libération du Gong et à l'éveil au cours de leur vie.

2. Le Falun forge la personne même quand elle ne pratique pas

Chaque jour le pratiquant doit travailler, étudier, manger et dormir, etc. Il ne peut donc pas pratiquer en permanence. Mais le Falun tourne sans arrêt, il aide le pratiquant à forger le Gong 24 heures sur 24. Ainsi, bien que la personne ne pratique pas à tout moment, le Falun ne cesse pourtant de la forger. Même quand la personne ne fait pas les exercices, la Loi la forge.

Dans le monde actuel, en Chine comme ailleurs, aucune des méthodes enseignées n'a résolu le conflit du temps entre le travail et la pratique. Seul le Falun Dafa a réglé ce problème, c'est la seule méthode dans laquelle la Loi forge la personne.

3. On cultive et forge sa conscience principale et on obtient le Gong par soi-même

Le Falun Dafa vise à cultiver et forger la conscience principale, il exige que le pratiquant cultive son cœur avec l'esprit lucide, abandonne tout attachement et élève son propre Xinxing. En pratiquant la Grande Voie de l'Accomplissement, ne vous laissez pas aller en transe, ne perdez pas la conscience de vous-même. À tout moment, c'est la conscience principale qui doit diriger votre pratique de Gong. Le Gong ainsi acquis grandit sur votre propre corps, c'est vous qui obtenez le Gong et vous pourrez l'emporter avec vous. Le Falun Dafa est si précieux, justement parce qu'on acquiert soi-même le Gong.

Toutes les autres méthodes transmises depuis des milliers et des milliers d'années parmi les gens ordinaires cultivent la conscience secondaire, le corps charnel et la conscience principale du pratiquant ne servant que de support. Quand le pratiquant parvient à la Plénitude parfaite, c'est la conscience secondaire qui s'élève en emportant le Gong, tandis que la conscience principale et le Benti du pratiquant n'ont rien du tout : la cultivation et la pratique de toute une vie sont réduites à néant. Alors que si on cultive et forge sa conscience principale, la conscience secondaire, elle aussi, acquiert sa part du Gong et progresse en même temps.

4. On cultive non seulement la nature mais aussi la vie

La cultivation de la nature dans le Falun Dafa consiste en la cultivation du Xinxing. Celle-ci doit avoir la première place puisqu'on considère que le Xinxing est la clé de l'accroissement du Gong. Autrement dit, le Gong déterminant le niveau ne provient pas de la pratique, mais de la cultivation du Xinxing : telle hauteur de Xinxing, telle hauteur de Gong. Dans le Falun Dafa, le Xinxing est une notion beaucoup plus vaste que le De. Il comprend beaucoup de choses, notamment le De.

La cultivation de la vie dans le Falun Dafa est une voie vers la longévité. Elle consiste à transformer par la pratique le Benti, qui ne sera pas abandonné. La conscience principale fusionne avec le corps charnel, ils parviendront à accomplir la cultivation comme un tout. La cultivation de la vie consiste à transformer intrinsèquement les éléments moléculaires du corps humain en les remplaçant par de la matière de haute énergie, pour former un corps constitué des matières provenant d'autres espaces. Ainsi la personne garde à jamais sa jeunesse. La question est traitée à sa racine. C'est pourquoi Falun Dafa est une Loi authentique pour cultiver à la fois la nature et la vie.

5. Les cinq exercices sont simples et faciles à apprendre

La Grande Voie est très simple et facile. D'un point de vue macroscopique, les mouvements des exercices de Falun Dafa sont peu nombreux, mais ce qu'ils mettent en jeu est très abondant et très complet. Ils contrôlent tous les domaines du corps et les nombreuses choses qui vont se développer. Les cinq séries d'exercices sont toutes enseignées au pratiquant. Dès le début, elles dégagent l'énergie des endroits bloqués dans le corps du pratiquant et une grande quantité d'énergie de l'univers sera absorbée. En très peu de temps, les matières résiduaires seront évacuées, le corps sera purifié, le niveau s'élèvera et les pouvoirs divins se renforceront, permettant ainsi d'accéder à l'état du Corps de Blanc limpide. Ces cinq mouvements dépassent de loin les méthodes communes qui dégagent les méridiens ou le grand et le petit circuits célestes. Ils offrent au pratiquant la voie la plus commode, la plus rapide, la meilleure et aussi la plus difficile à obtenir.

6. On pratique sans aucune activité de la pensée : aucun risque de déviation et augmentation rapide du Gong

La cultivation et la pratique de Falun Dafa se font sans activité de la pensée, sans concentration mentale, elles ne sont pas dirigées par l'intention. Ainsi la cultivation et la pratique de Falun Dafa sont absolument sûres et excluent toute déviation. Le Falun protège aussi le pratiquant contre la déviation pendant la pratique de Gong et contre les interférences de gens ayant un mauvais Xinxing. De plus, il peut corriger automatiquement tout état incorrect.

Le pratiquant cultive et pratique à un niveau très élevé. S'il parvient à surmonter les épreuves dans les épreuves, à endurer ce qui est difficile à endurer, à bien préserver son Xinxing et à s'engager réellement dans une seule voie de cultivation, il peut atteindre l'état des « Trois Fleurs réunies au sommet de la tête » en quelques années. C'est le niveau le plus élevé que l'on peut atteindre dans la cultivation et la pratique de la Loi de ce Monde.

7. Peu importe le lieu, l'heure, la direction et la manière de conclure la pratique

Le Falun est l'univers en miniature. L'univers est en rotation, toutes les galaxies sont en rotation, la Terre tourne aussi sur elle-même, il n'y a pas de différence entre l'Est, l'Ouest, le Sud et le Nord. Les pratiquants de Falun Dafa cultivent et pratiquent selon la nature suprême de l'univers et selon les principes d'évolution de l'univers. Ainsi, quelle que soit la direction dans laquelle on fait les exercices, on les fait toujours dans toutes les directions. Comme le Falun tourne à tout moment, le temps ne joue aucun rôle : la pratique peut s'effectuer à toute heure. Comme le Falun tourne sans cesse et que le pratiquant ne peut pas l'arrêter, l'idée de conclure la pratique n'a pas lieu d'exister. On ne fait qu'arrêter les mouvements, mais pas la pratique.

8. Mon Fashen protège les pratiquants contre toute interférence extérieure néfaste

Quand une personne ordinaire acquiert tout à coup des choses de haut niveau, c'est très dangereux. Sa vie va être immédiatement menacée. Lorsqu'un pratiquant a reçu le Falun Dafa que je transmets et qu'il cultive réellement, il est protégé par mon Fashen. Tant que vous persistez à cultiver et à pratiquer, mon Fashen vous protégera jusqu'à la Plénitude parfaite. Si à un certain point vous renoncez à cultiver et pratiquer, mon Fashen vous quittera de lui-même.

Beaucoup de personnes n'osent pas transmettre la Loi des niveaux élevés. C'est parce qu'elles ne sont pas capables d'en assumer la responsabilité et que le Ciel ne le permet pas non plus. Le Falun Dafa est une Loi juste. Dans la mesure où, au cours de sa cultivation et de sa pratique, un pratiquant peut selon les exigences de Dafa bien préserver son Xinxing, abandonner ses attachements et renoncer à toute recherche indue, tout démon le craindra et ceux qui n'ont pas de rapport avec son élévation n'oseront pas le déranger. Un seul juste terrasse cent mauvais. Par conséquent, Falun Dafa diffère radicalement des autres méthodes traditionnelles et de la théorie de la transmutation du cinabre de tous les autres écoles et systèmes.

La cultivation et la pratique de Falun Dafa se divisent principalement entre la Loi de ce Monde et la Loi au-delà de ce Monde, lesquelles comportent chacune beaucoup de niveaux différents. La cultivation et la pratique se trouvent dès le début à un niveau très élevé, ce qui offre la voie la plus commode aux pratiquants et à ceux dont le Gong n'a pas grandi malgré de longues années de cultivation et de pratique. Quand sa force de Gong et son Xinxing atteignent un certain niveau, le pratiquant peut parvenir à former dans ce monde le Corps incorruptible de Diamant et à obtenir la libération du Gong, l'éveil et l'élévation de son être entier à des niveaux supérieurs. Un pratiquant très déterminé apprendra la Loi juste, obtiendra le Fruit juste, élèvera son Xinxing et abandonnera ses attachements ; seulement alors il parviendra à la Plénitude parfaite.

Chapitre V

LES INSTRUCTIONS ET LES EXPLICATIONS DES EXERCICES

1. Bouddha étend ses mille bras (Fo Zhan Qian Shou Fa)

Principes

L'essentiel de cet exercice est dans l'étirement et l'ouverture de tout le corps. Il permet de dénouer les endroits ou l'énergie est bloquée en libérant la circulation. Il met en action un puissant courant d'énergie dans le corps et sous la peau. En même temps on absorbe automatiquement de l'univers une grande quantité d'énergie. Ainsi, dès le début, le pratiquant pourra dégager tous les méridiens. En pratiquant cet exercice, on sent le corps se réchauffer et on éprouve une sensation particulière produite par un champ d'énergie très fort, parce que tous les passages d'énergie existant dans le corps ont été étirés et dégagés. Bouddha étend ses mille bras comprend huit mouvements assez simples. Pourtant, ils contrôlent dans une dimension macroscopique de nombreuses choses que la méthode développe dans son ensemble. En même temps, ces mouvements permettent au pratiquant de se trouver rapidement dans un état où il est entouré par un champ d'énergie. Cette série d'exercices est considérée comme la base de la pratique et elle est habituellement pratiquée en premier. C'est aussi un des moyens de renforcer la cultivation et la pratique.

Formule*

身神合一，　Shen Shen He Yi,
動靜隨機；　Dong Jing Sui Ji;
頂天獨尊，　Ding Tian Du Zun,
千手佛立。　Qian Shou Fo Li.

Préparation

Se tenir debout naturellement. Les pieds sont écartés à la largeur des épaules. Les genoux légèrement fléchis. Garder les genoux et les hanches détendus. Tout le corps reste détendu, mais pas relâché. Rentrer un peu le menton. Le bout de la langue touche le palais. Laisser une petite ouverture entre les dents. Les lèvres sont closes. Fermer doucement les yeux. Le visage exprime la sérénité et l'harmonie.

Joindre les mains en Jie Yin (Liang Shou Jie Yin)

Lever les mains, les paumes tournées vers le haut. Les extrémités des pouces se touchent légèrement, les autres doigts sont serrés et se superposent, la main gauche dessus pour l'homme, la droite dessus pour la femme. Les mains forment un ovale et se placent à la hauteur du bas-ventre. Les coudes sont légèrement avancés, les aisselles sont dégagées (Fig. 1-1).

FIG. 1-1

FIG. 1-2

Maitreya* étire le dos (Mi Le Shen Yao)

En partant de Jie Yin, les mains se lèvent lentement en restant jointes. Quand elles arrivent devant la tête, les séparer et tourner graduellement les paumes vers le haut. Quand les mains arrivent au-dessus de la tête, les paumes regardent le ciel, les bouts des doigts de chaque main se font face, distants de 20 à 25 cm. (Fig. 1-2). Tendre alors le sommet de la tête vers le haut, pousser les deux pieds dans le sol, se redresser et étirer lentement tout le corps en poussant le bas des paumes vers le haut. Garder cette position 2 à 3 secondes, puis relâcher d'un coup tout le corps. Fléchir les genoux et relâcher le bassin.

Fig. 1-3

Fig. 1-4

Tathagata absorbe par le sommet de la tête (Ru Lai Guan Ding)

À partir de la position précédente, tourner les deux mains en même temps vers l'extérieur dans un angle de 140 degrés : elles forment un entonnoir. Tendre les poignets et redescendre lentement les bras (Fig. 1-3). Les mains descendent, paumes face à la poitrine (à 10 cm au maximum) jusqu'au bas-ventre (Fig. 1-4).

FIG. 1-5

Joindre les mains en He Shi (Shuang Shou He Shi)

Quand les mains arrivent au bas-ventre, elles pivotent et se retrouvent dos à dos, les remonter à la hauteur de la poitrine et les joindre (Fig. 1-5). Dans cette position He Shi, les doigts et le bas des paumes s'appuient les uns contre les autres laissant un espace vide au milieu, les coudes sont avancés, les avant-bras forment une ligne droite. (Garder les deux mains en position de lotus* durant tous les exercices, sauf pendant He Shi et Jie Yin).

Fig. 1-6

Les paumes regardent le Ciel et la Terre (Zhang Zhi Qian Kun)

En partant de He Shi, séparer les paumes de 2 à 3 cm et commencer en même temps à les tourner comme autour d'une balle (Fig. 1-6). Pour l'homme, la main gauche tourne vers la poitrine (pour la femme, la main droite). La main droite tourne vers l'extérieur. La main gauche se retrouve en haut, la main droite en bas (le contraire pour la femme). Les avant-bras sont parallèles et forment une ligne horizontale. Ensuite étendre obliquement l'avant-bras gauche (droite pour la femme) vers le côté gauche, la paume tournée vers le sol, jusqu'à ce que la main soit à la hauteur de la tête (Fig. 1-7). Garder la main droite (gauche pour la femme) devant la poitrine, la paume tournée vers le haut.

Fig. 1-7

Lorsque le bras gauche est tendu, tendre la tête vers le haut, pousser les deux pieds dans le sol, étirer tout le corps jusqu'à l'extrême. Étirer la main gauche vers le côté gauche (main droite et côté droit pour la femme), la main droite (gauche pour la femme) est devant la poitrine, étirer-la en poussant le coude vers l'extérieur S'étirer avec force 2 à 3 secondes, relâcher subitement tout le corps. Ramener les mains devant la poitrine en He Shi (Fig. 1-5).

Fig. 1-8

Fig. 1-9

Ensuite recommencer à tourner les mains, la main droite au-dessus de la main gauche (Fig. 1-8). La main droite répète les mouvements de la main gauche (Fig. 1-9). Après l'étirement, puis le relâchement, les mains reforment He Shi devant la poitrine.

Fig. 1-10

Le singe d'or sépare son corps (Jin Hou Fen Shen)

À partir de He Shi, étendre les deux mains de chaque côté pour qu'elles forment une ligne horizontale avec les épaules, tendre la tête vers le haut, enfoncer les pieds dans la terre, tendre avec force les deux mains de chaque côté. La force se dirige ainsi dans les quatre directions (Fig. 1-10). S'étirer pendant 2-3 secondes, puis relâcher d'un coup tout le corps. Les mains reprennent la position He Shi.

FIG. 1-11

Deux dragons plongent dans la mer (Shuang Long Xia Hai)

À partir de He Shi, séparer les deux mains et en même temps les tendre obliquement en avant vers le bas. Les deux bras parallèles et tendus forment avec le corps un angle de 30 degrés (Fig. 1-11). Tendre la tête vers le haut, enfoncer les pieds dans le sol, étirer tout le corps avec force, le faire pendant 2-3 secondes, puis relâcher immédiatement tout le corps. Les mains se replacent en He Shi.

Fig. 1-12

Bodhisattva pose les mains sur le lotus (Pu Sa Fu Lian)

À partir de He Shi, séparer les deux mains et en même temps les tendre obliquement des deux côtés du corps vers le bas. Les bras forment avec le corps un angle de 30 degrés (Fig. 1-12). Au même moment, tendre la tête vers le haut, pousser les pieds dans le sol, étirer tout le corps avec force pendant 2-3 secondes, se relâcher d'un coup, revenir avec les deux mains en He Shi devant la poitrine.

Fig. 1-13

L'arhat porte la montagne sur le dos (Luo Han Bei Shan)

À partir de He Shi, séparer les deux mains et les tendre en arrière de chaque côté du corps, les paumes tournées vers le haut. Lorsque les bras sont tendus, les deux poignets se plient graduellement vers le haut et forment avec la ligne du bras un angle de 45 degrés (Fig. 1-13). Quand les mains arrivent à leur place, tendre la tête vers le haut, pousser les deux pieds dans le sol, étirer le corps avec force (garder le corps bien droit, éviter de le pencher en avant, étirer la poitrine avec force). S'étirer pendant 2-3 secondes. Puis relâcher subitement tout le corps. Ramener les deux mains en He Shi.

Fig. 1-14

Vajra* pousse la montagne (Jin Gang Pai Shan)

À partir de He Shi, séparer les mains et en même temps, les pousser en avant avec les paumes dressées verticalement, les doigts pointés vers le haut, les bras horizontaux au niveau des épaules. Quand les bras sont tendus, tendre la tête vers le haut, pousser les pieds dans le sol, étirer le corps avec force, garder le corps bien droit (Fig. 1-14). S'étirer pendant 2-3 secondes, puis relâcher d'un coup tout le corps et revenir en He Shi.

Fig. 1-15

Fig. 1-16

Les mains superposées devant le bas-ventre (Die Kou Xiao Fu)

À partir de He Shi, les deux mains descendent lentement avec les paumes tournées vers le ventre. Quand les mains arrivent au bas-ventre, elles se superposent sans se toucher, la main gauche la plus proche du corps pour l'homme (la main droite pour la femme), la paume de la main extérieure regarde le dos de la main intérieure.

La distance entre les deux mains et entre une main et le bas-ventre est à peu prêt de 3 cm. Garder cette position 40 à 100 secondes (Fig. 1-15).

Position finale

Joindre les mains en Jie Yin (Fig.1-16).

2. Pratiquer le Falun debout comme un pieu (Falun Zhuang Fa)

Principes

Cette deuxième série relève des exercices statiques en position debout. Elle est composée de quatre postures consistant à porter une roue. La pratique fréquente de cette série permet de dégager intégralement tout le corps. Il s'agit d'une pratique complète permettant d'engendrer la sagesse, d'accroître la force, d'élever son niveau et de renforcer les pouvoirs divins. Les mouvements sont relativement simples, mais les choses qu'ils mettent en œuvre sont très variées et complètes. Les débutants peuvent avoir les bras lourds et courbaturés. Mais quand on a terminé l'exercice, on sent tout de suite tout le corps détendu, on ne se sent pas fatigué comme après un travail physique. À mesure que le temps de pratique s'allonge et que la fréquence augmente, on sentira un Falun qui tourne entre les deux bras. Dans cet exercice, tous les mouvements doivent être naturels, on ne doit pas se balancer intentionnellement. Il est normal de ressentir de légers balancements du corps, mais il faut se contrôler pour éviter de les amplifier. Plus longtemps on porte la roue, mieux c'est. La durée de chaque posture dépend de la capacité de chacun. Après être entré dans la tranquillité, ne perdez pas conscience que vous êtes en train de pratiquer le Gong, il faut toujours se rappeler cela.

Formule

生慧增力，　Sheng Hui Zeng Li,
容心輕體；　Rong Xin Qing Ti;
似妙似悟，　Si Miao Si Wu,
法輪初起。　Fa Lun Chu Qi.

FIG. 2-1

Préparation

Se tenir debout naturellement. Les pieds sont écartés à la largeur des épaules. Les genoux légèrement fléchis. Garder les genoux et les hanches détendus. Tout le corps reste détendu, mais pas relâché. Rentrer un peu le menton. Le bout de la langue touche le palais. Laisser une petite ouverture entre les dents. Les lèvres sont closes. Fermer doucement les yeux. Le visage exprime la sérénité et l'harmonie.

Joindre les mains en Jie Yin (Fig. 2-1).

FIG. 2-2

Porter la roue devant la tête (Tou Qian Bao Lun)

À partir de Jie Yin, les mains se lèvent lentement, en même temps Jie Yin se défait. Les deux mains se placent devant la tête, les paumes tournées vers le visage, à la hauteur des sourcils, les extrémités des doigts opposés les uns aux autres, distants de 15 cm. Les bras forment un cercle, et tout le corps se trouve détendu (Fig. 2-2).

FIG. 2-3

Porter la roue devant le bas-ventre (Fu Qian Bao Lun)

À partir de la position précédente, les mains descendent lentement jusqu'au bas-ventre ; le corps ne change pas de posture. Avancer un peu les coudes en dégageant les aisselles, les paumes sont tournées vers le haut, les extrémités des doigts face à face. Les bras forment un cercle (Fig. 2-3).

Fig. 2-4

Porter la roue au-dessus de la tête (Tou Ding Bao Lun)

À partir de la position précédente, posture inchangée, lever lentement les mains au-dessus de la tête. Les paumes sont tournées vers le bas, les extrémités des doigts se font face distants de 20-30 cm, les bras forment un cercle entourant la roue. Détendre les bras, les épaules, les coudes et les poignets (Fig. 2-4).

Fig. 2-5

Porter la roue de chaque côté de la tête (Liang Ce Bao Lun)

À partir de la position précédente, les mains s'abaissent lentement de chaque côté de la tête, les paumes font face aux oreilles. Les épaules sont détendues, les avant-bras dressés verticalement. Mains et oreilles ne doivent pas être trop rapprochées (Fig. 2-5).

Fig. 2-6

Fig. 2-7

Les mains superposées devant le bas-ventre (Die Kou Xiao Fu)

À partir de la position précédente, les mains descendent et se superposent devant le bas-ventre, comme décrit dans le premier exercice (Fig. 2-6).

Position finale

Joindre les mains en Jie Yin (Fig. 2-7).

3. Pénétrer les deux pôles cosmiques (Guan Tong Liang Ji Fa)

Principes

Cet exercice consiste à mélanger et fusionner l'énergie de l'univers avec celle du corps. Une grande quantité d'énergie est expulsée et absorbée : le pratiquant peut ainsi purifier son corps en très peu de temps. L'exercice contribue aussi à « ouvrir le sommet de la tête », ainsi que les passages d'énergie situés sous les pieds grâce aux mouvements Chong Guan*. Les mains montent et descendent en suivant l'énergie à l'intérieur du corps et les mécanismes de l'extérieur du corps. L'énergie montante jaillit du sommet de la tête pour atteindre le pôle supérieur de l'univers, l'énergie descendante sort des pieds pour atteindre le pôle inférieur de l'univers. En refluant de chaque extrémité, l'énergie est renvoyée dans la direction inverse. Les mouvements des mains se répètent neuf fois.

Après avoir effectué neuf fois Chong Guan les mains séparées, on fait aussi neuf fois Chong Guan les mains ensemble, puis les deux mains font tourner le Falun quatre fois dans le sens des aiguilles d'une montre devant le bas-ventre, pour ramener par un mouvement tournant l'énergie extérieure dans le corps. Terminer l'exercice par Jie Yin.

Avant l'exercice, imaginer que vous êtes comme deux tuyaux vides immenses et incomparablement grands qui se tiennent tout droit entre le Ciel et la Terre. Cela aide à faire circuler l'énergie sans obstruction.

Formule

淨化本體， Jing Hua Ben Ti,
法開頂底； Fa Kai Ding Di;
心慈意猛， Xin Ci Yi Meng,
通天徹地。 Tong Tian Che Di.

Fig. 3-1

Fig. 3-2

Préparation

Se tenir debout naturellement. Les pieds sont écartés à la largeur des épaules. Les genoux légèrement fléchis. Garder les genoux et les hanches détendus. Tout le corps reste détendu, mais pas relâché. Rentrer un peu le menton. Le bout de la langue touche le palais. Laisser une petite ouverture entre les dents. Les lèvres sont closes. Fermer doucement les yeux. Le visage exprime la sérénité et l'harmonie.

Joindre les mains en Jie Yin (Fig. 3-1), puis en He Shi (Fig. 3-2).

Fig. 3-3

Fig. 3-4

Expulser et absorber les mains séparées (Dan Shou Chong Guan)

À partir de He Shi, faire les gestes montants (Chong) et descendants (Guan). Les mains se déplacent lentement suivant le dynamisme du mécanisme énergétique qui se trouve à l'extérieur du corps. L'énergie interne circule avec le mouvement montant et descendant des mains. L'homme lève d'abord la main gauche (Fig. 3-3), la femme la main droite. La main monte lentement, passant légèrement en biais devant la tête et s'élève au-dessus de la tête. Puis intervertir les mains dans un mouvement de va-et-vient (Fig. 3-4). En même temps, l'autre main descend lentement. Les deux paumes sont face au corps, à une distance de 10 cm. Garder tout le corps détendu pendant la pratique. Faire Chong Guan en tout neuf fois.

FIG. 3-5

FIG. 3-6

Expulser et absorber les mains ensemble (Shuang Shou Chong Guan)

Quand la main gauche (droite pour la femme) est montée pour la neuvième fois, elle reste en haut. L'autre se lève et les deux mains se retrouvent en haut (Fig. 3-5). Puis elles descendent ensemble (Fig. 3-6). Au cours d'expulsion et d'absorption les mains ensemble, les paumes sont toujours tournées vers le corps à une distance qui ne dépasse pas 10 cm. Faire neuf fois le va-et-vient.

Fig. 3-7

Fig. 3-8

Fig. 3-9

Fig. 3-10

Tourner le Falun avec les mains (Shuang Shou Tui Dong Fa Lun)

Après le neuvième cycle de Chong Guan les mains ensemble, elles redescendent jusqu'au bas-ventre en passant par la poitrine. Tourner le Falun avec les deux mains (Fig. 3-7, 3-8 et 3-9). La main gauche de l'homme passe sous la droite, et inversement pour la femme. Garder une distance d'à peu près 2-3 cm entre les mains, ainsi qu'entre la main intérieure et l'abdomen. Tourner le Falun quatre fois dans le sens des aiguilles d'une montre pour ramener à l'intérieur par un mouvement tournant l'énergie répartie autour du corps. Lors de leur rotation, les deux mains ne doivent pas dépasser la sphère du bas-ventre.

Position finale

Terminer l'exercice en position Jie Yin (Fig. 3-10).

4. Le circuit céleste du Falun (Falun Zhou Tian Fa)

Principes

Le circuit céleste du Falun fait circuler l'énergie dans le corps humain à travers de grandes surfaces. Il ne s'agit pas d'une circulation d'un ou de plusieurs méridiens mais de passer sans répit de la face Yin à la face Yang du corps. Elle dépasse de loin les méthodes communes du dégagement des méridiens ou le grand circuit céleste et le petit circuit céleste. C'est un moyen de cultivation et de pratique au niveau intermédiaire. Sur la base des trois premiers exercices, le quatrième peut ouvrir rapidement tous les méridiens du corps (y compris le grand circuit céleste), et cela d'une façon graduelle, de haut en bas, à travers tout le corps. La caractéristique la plus remarquable de cette série d'exercices est qu'elle rectifie tous les états anormaux du corps humain grâce à la rotation du Falun. Ainsi le corps humain, comme un microcosme, revient à l'état originel et l'énergie circule librement dans tous les méridiens. Quand on se trouve dans cet état, on est déjà parvenu à un niveau très élevé dans la cultivation et la pratique de la Loi de ce Monde. Au cours de la pratique, les gestes doivent être calmes, lents et arrondis, les mains doivent se mouvoir en suivant le dynamisme du mécanisme énergétique.

Formule

旋法至虚，	Xuan Fa Zhi Xu,
心清似玉；	Xin Qing Si Yu;
返本歸真，	Fan Ben Gui Zhen,
悠悠似起。	You You Si Qi.

FIG. 4-1

FIG. 4-2

Préparation

Se tenir debout naturellement. Les pieds sont écartés à la largeur des épaules. Les genoux légèrement fléchis. Garder les genoux et les hanches détendus. Tout le corps reste détendu, mais pas relâché. Rentrer un peu le menton. Le bout de la langue touche le palais. Laisser une petite ouverture entre les dents. Les lèvres sont closes. Fermer doucement les yeux. Le visage exprime la sérénité et l'harmonie.

Joindre les mains en Jie Yin (Fig. 4-1), puis en He Shi (Fig. 4-2).

FIG. 4-3

FIG. 4-4

FIG. 4-5

FIG. 4-6

Les mains défont le He Shi et descendent simultanément vers le bas-ventre, tandis que les paumes se tournent face au corps à une distance de 10 cm au maximum. Après le bas-ventre, les mains glissent à l'intérieur des deux jambes, le dos se plie en même temps qu'on s'accroupit (Fig. 4-3). Quand les extrémités des doigts s'approchent du sol, les mains, partant de la pointe des pieds, longent ceux-ci jusqu'à l'arrière des talons (Fig. 4-4). Ensuite, avec les poignets un peu fléchis, les mains remontent depuis les talons le long de l'arrière des jambes (Fig. 4-5), le corps se redresse peu à peu au fur et à mesure de la remontée des mains derrière le dos (Fig. 4-6).

Pendant toute la circulation du circuit céleste du Falun, il faut éviter de toucher un endroit quelconque du corps, sinon l'énergie des deux mains filera dans le corps.

Fig. 4-7

Fig. 4-8

Lorsque les deux mains atteignent le point le plus haut possible dans le dos, fermer les poings en creux (ainsi les mains n'emportent pas d'énergie) (Fig. 4-7), et les amener devant en passant sous les aisselles. Les deux bras se croisent devant la poitrine (peu importe, pour l'homme comme pour la femme quel bras se place au-dessus de l'autre, tout dépend de l'habitude de la personne) (Fig. 4-8). Les deux poings se défont, les paumes se trouvent au-dessus des épaules (en laissant un petit espace).

FIG. 4-9

De là, chaque main glisse le long de la face Yang (extérieure) de l'autre bras jusqu'aux poignets. Les deux paumes se trouvent alors face à face à une distance de 3-4 cm, le pouce de la main extérieure tourné vers le haut, le pouce de la main intérieure tourné vers le bas : les mains et les bras se trouvent maintenant sur une ligne horizontale (Fig. 4-9).

Fig. 4-10

Fig. 4-11

Ensuite, sans s'arrêter, les deux mains tournent comme en tenant une balle, la main intérieure pivote vers l'extérieur, et vice versa. Puis les deux mains remontent le long de la face Yin (intérieure) des avant-bras. En même temps les bras se lèvent et passent derrière la tête (Fig. 4-10). Les mains se croisent et se dirigent vers le bas (Fig. 4-11), puis se séparent, les pointes des doigts se tournent vers le bas en se connectant avec l'énergie du dos.

Fig. 4-12

Enfin, elles repassent par dessus la tête pour descendre jusque devant la poitrine (Fig. 4-12).

Fig. 4-13

Fig. 4-14

Voilà la circulation du circuit céleste. Répéter cela neuf fois. À la dernière fois, les deux mains descendent de la poitrine et se superposent devant le bas-ventre (Fig. 4 -13).

Position finale

Terminer l'exercice en position Jie Yin (Fig. 4-14).

5. Renforcer les pouvoirs divins (Shen Tong Jia Chi Fa)

Principes

Renforcer les pouvoirs divins est un exercice de cultivation et de pratique dans la tranquillité avec des buts multiples. Il vise à renforcer les pouvoirs divins (y compris les pouvoirs de Gong), ainsi que la force de Gong en faisant tourner le Falun à l'aide des mudras des bouddhas. Situé au-delà du niveau intermédiaire, il était autrefois transmis en secret. L'exercice demande la pratique assise en lotus, mais au début, si on n'y arrive pas, il est permis de s'asseoir les jambes croisées en demi-lotus. On doit arriver finalement à être assis en lotus. Au cours de la cultivation et de la pratique, la circulation d'énergie est relativement forte et un champ d'énergie aussi relativement grand se forme autour du corps. La durée dépend de la capacité de chacun, le mieux est de rester en lotus le plus longtemps possible. Plus on prolonge l'exercice, plus il s'intensifie et plus le Gong apparaît rapidement. Au cours de la pratique, on ne doit penser à rien ni avoir aucune intention. On entre progressivement dans la tranquillité, et de là on passe peu à peu au recueillement. Mais votre conscience principale doit savoir nettement que c'est vous qui êtes en train de pratiquer le Gong.

Formule

有意無意， You Yi Wu Yi,
印隨機起； Yin Sui Ji Qi;
似空非空， Si Kong Fei Kong,
動靜如意。 Dong Jing Ru Yi.

FIG. 5-1

Préparation

Prendre la position assise en lotus. Garder le dos redressé et le cou droit. Rentrer un peu le menton. Le bout de la langue touche le palais. Laisser une petite ouverture entre les dents. Les lèvres sont closes. Tout le corps reste détendu, mais pas relâché. Fermer doucement les yeux. La compassion émerge dans le cœur. Le visage exprime la sérénité et la bienveillance. Joindre les mains en Jie Yin au bas-ventre (Fig. 5-1). Entrer progressivement dans le recueillement.

Fig. 5-2

Fig. 5-3

Faire les mudras (Da Shouyin)

En partant de Jie Yin, les mains montent lentement en restant jointes, elles commencent à pivoter graduellement devant la tête. Quand les paumes sont vers le haut, les mains arrivent aussi au point culminant (Fig. 5-2). (En faisant les mudras, c'est l'avant-bras qui entraîne le bras avec une certaine force). Après cela les deux mains se séparent, elles tracent un arc au-dessus de la tête, puis elles se tournent obliquement vers la tête et descendent (Fig. 5-3).

FIG. 5-4

FIG. 5-5

Ensuite les coudes s'approchent le plus possible du corps, les deux paumes vers le haut, les doigts pointés vers l'avant (Fig. 5-4). Puis les poignets se redressent et les mains se croisent devant la poitrine. La main gauche passe à l'extérieur pour l'homme, la main droite à l'extérieur pour la femme (Fig. 5-5). À ce moment, les deux mains deviennent parallèles, la main extérieure tourne vers l'extérieur et dessine une courbe, la paume face au ciel, les doigts dirigés vers l'arrière. Les mains doivent se mouvoir avec une certaine force. Après le croisement, la main intérieure glisse vers le bas. La paume dirigée vers le bas tourne graduellement vers le haut au moment où le bras s'étend, la main devant le genou. Le bras et la main forment avec le corps un angle de 30 degrés (Fig. 5-6).

Fig. 5-6

Fig. 5-7

On reprend le geste précédent (Fig. 5-6) dans l'autre sens : la main du haut (gauche pour l'homme, droite pour la femme) descend à l'intérieur, la main du bas remonte en tournant la paume vers le corps. Chaque main prend la position de l'autre (Fig. 5-7).

Fig. 5-8

Fig. 5-9

Puis la main droite de l'homme (la main gauche de la femme) descend, la paume tournée vers le corps, la main dans le prolongement du poignet. Après avoir croisé l'autre devant la poitrine, cette main glisse en bas jusque devant le genou en tournant la paume vers le bas, le bras étendu. La main gauche de l'homme (la main droite de la femme) tourne en remontant la paume tournée vers soi ; après le croisement elle tourne la paume vers le haut en se plaçant devant l'épaule gauche (l'épaule droite pour la femme), la paume vers le haut et les doigts vers l'avant (Fig. 5-8).

Ensuite, la main du haut descend à l'intérieur, la main du bas remonte à l'extérieur, les mains répètent le geste précédent en échangeant leur position (Fig. 5-9).

Les gestes des mudras doivent se suivre avec fluidité sans interruption.

Fig. 5-10

Fig. 5-11

Renforcement (Jia Chi)

Sans interruption après le dernier geste de mudra, la main du bas remonte à l'extérieur, la main du haut descend à l'intérieur, en tournant les paumes vers la poitrine. Quand les deux bras se rejoignent horizontalement devant la poitrine (Fig. 5-10), étirer les mains de chaque côté (Fig. 5-11), tourner les paumes en même temps vers le bas.

Fig. 5-12

Quand les mains dépassent la largeur des genoux, elles se placent alors à la hauteur de la taille, l'avant-bras au même niveau que le dos de la main, les bras détendus (Fig. 5-12). Cette position transfère vers les mains les pouvoirs divins qui sont à l'intérieur du corps dans le but de les renforcer. À ce moment, les paumes peuvent éprouver des sensations de chaleur, de pesanteur et de picotements électriques, ou celles de tenir un objet, etc. Mais il faut les laisser venir naturellement sans les rechercher. Le mieux est de rester dans cette position le plus longtemps possible.

Fig. 5-13

Fig. 5-14

Ensuite, plier le poignet de la main droite (la main gauche pour la femme), la paume tournée vers soi, et la main glisse vers le bas-ventre. Quand elle arrive au bas-ventre, sa paume est tournée vers le haut. En même temps, après avoir tourné la paume devant soi, la main gauche (la main droite pour la femme) se lève et se dirige vers le menton, et la paume tourne vers le bas. Arrivée au niveau du menton, elle forme une ligne horizontale avec l'avant-bras. Maintenant, les deux paumes se regardent, figez-vous dans cette position (Fig. 5-13). Le mieux est de tenir cette position le plus longtemps possible. Puis la main du haut dessine en avant un demi-cercle et s'arrête au bas-ventre ; en même temps, la main du bas remonte en tournant la paume vers le bas jusqu'au menton (Fig. 5-14). L'avant-bras est au niveau de l'épaule, les deux paumes se regardent. Le mieux est de garder cette position le plus longtemps possible.

Fig. 5-15

Cultivation tranquille (Jing Gong Xiu Lian)

Après la position précédente, la main du haut dessine un demi-cercle en avant et rejoint l'autre main au bas-ventre, formant Jie Yin (Fig. 5-15). Entrer dans la cultivation tranquille et plonger profondément dans l'état de recueillement, mais la conscience principale doit se rendre compte que c'est vous qui faites l'exercice. Le plus longtemps on pratique dans cette position, mieux c'est. Pratiquer le plus longtemps possible.

Position finale

Joindre les mains en He Shi et sortir du recueillement. Défaire la position du lotus.

Chapitre VI

LES MÉCANISMES ET LES PRINCIPES DES EXERCICES

1. La première série d'exercices

La première série s'appelle « bouddha étend ses mille bras ». Comme son nom l'indique, cette série représente un bouddha aux mille bras ou la Bodhisattva Guanyin aux mille bras qui étend ses bras. Certes, il est impossible pour vous de faire mille gestes, vous n'arriveriez même pas à vous en souvenir, et vous seriez mort de fatigue. Ce sens est exprimé dans cet exercice par huit mouvements simples de base. Pourtant, ces mouvements nous permettent de dégager tous les méridiens du corps. Laissez-moi vous expliquer pourquoi on dit que notre méthode démarre à un niveau très élevé. Parce qu'au lieu d'ouvrir un ou deux méridiens, le méridien conception et le méridien gouverneur, les « méridiens curieux ou huit méridiens extraordinaires », nous ouvrons dès le début tous les méridiens et nous les mettons tous en circulation simultanément. Ainsi, nous pratiquons d'emblée à un niveau très élevé.

Cette série d'exercices demande l'étirement et la détente. Vous devez coordonner parfaitement les mains et les jambes. Par l'étirement et la détente vous pouvez dégager tous les endroits bloqués du corps. Pourtant, si je ne vous dote pas de « mécanismes », cela n'aura pas d'effets. L'étirement doit s'effectuer doucement et tout le corps s'allonge à l'extrême, presque comme si on vous partageait en deux. Votre corps semble devenir très grand. Mais vous n'avez aucune activité mentale. La détente doit venir d'un coup, juste après l'étirement maximum. Comme un sac de cuir pressé, vidé de son air : dès que vous ôtez la main, l'air s'y engouffre de nouveau, l'énergie nouvelle est aspirée. L'effet de ces mécanismes permet de dégager les endroits bloqués.

Quand vous vous étirez, appuyez fortement les talons dans le sol, poussez avec force la tête vers le haut, comme si vous étiriez tous les méridiens de tout votre corps, puis détendez-vous subitement. Ce brusque relâchement permet de dégager d'un coup tous les méridiens du corps. Bien sûr, nous devons encore vous doter de mécanismes, des mécanismes de toutes sortes. Les bras doivent s'étirer graduellement, puis se tendre avec force jusqu'à atteindre l'extrême. L'école des taos parle de la circulation des trois méridiens Yin et des trois méridiens Yang ; en réalité, il n'y a pas seulement trois méridiens Yin et trois méridiens Yang, mais aussi des centaines de méridiens entrecroisés sur les bras. Ils doivent être tous dégagés et débloqués par l'étirement. Nous demandons dès le commencement un dégagement complet de tous les méridiens. Les méthodes communes, celles qui font la cultivation et la pratique véritables en n'incluant pas le travail avec le Qi, commencent toutes par entraîner tous les méridiens par un seul. Il faut une longue période – de nombreuses années – pour arriver à dégager tous les méridiens. Nous demandons dès le début un dégagement total de tous les méridiens, ainsi nous pratiquons déjà à un niveau très élevé. Tout le monde doit bien saisir ce point essentiel.

J'aborde maintenant la posture debout. Cette position demande qu'on se tienne naturellement avec les pieds écartés à la largeur des épaules et non avec les pieds parallèles : car cela n'a rien à voir avec un art martial. Beaucoup de méthodes en effet partent de la « posture du cavalier » issue des arts martiaux. L'école des bouddhas préconise le salut de tous les êtres, on ne peut pas toujours absorber de l'énergie que pour soi-même. Les genoux et les hanches sont relâchés, les jambes un peu fléchies. Ainsi, les méridiens sont dégagés ; alors que si les jambes restent droites, les méridiens seront raides et bloqués. Le corps reste droit et détendu. Détendez-vous de l'intérieur vers l'extérieur, mais sans vous ramollir. Tenez la tête bien droite.

Il faut fermer les yeux pendant les cinq séries d'exercices. Mais au début, vous devez quand même ouvrir les yeux pour voir si vos mouvements sont corrects. Après les avoir bien appris, vous devrez pratiquer les yeux fermés. Le bout de la langue touche le palais, une petite ouverture entre les dents, les lèvres closes. Pourquoi la langue touche-t-elle le palais ? On sait que dans une véritable pratique de Gong, ce n'est pas seulement un circuit céleste superficiel qui fonctionne au niveau de la peau. Les méridiens entrecroisés à l'intérieur du corps sont tous mis en circulation. Il y a des méridiens non seulement à la surface du corps, mais aussi dans les organes internes, et même dans les espaces entre ceux-ci. Comme la cavité buccale est vide, la langue sert de pont pour faire circuler l'énergie et accroître le fluide passant dans les méridiens ; ainsi l'énergie peut circuler à travers la langue. À l'extérieur, les lèvres servent aussi de pont permettant à l'énergie de circuler au niveau de la peau. Pourquoi desserrer les dents ? Parce que si on pratique les dents serrées, la circulation de l'énergie les rendra encore plus serrées. Quand un endroit n'est pas détendu, il ne peut pas être pleinement transformé : toute partie très tendue ne pourra pas se transformer et évoluer. Si les dents sont entrouvertes, toute cette zone sera détendue. Voilà pour l'essentiel les exigences des mouvements. Entre autres, il y a trois mouvements de transition qui apparaîtront encore dans les exercices suivants. Nous les expliquons ici.

Liang Shou He Shi (joindre les mains en He Shi). Ce geste demande que les avant-bras soient horizontaux. Les coudes sont écartés et les aisselles bien dégagées, sinon le passage d'énergie serait bloqué. Les doigts joints sont devant la poitrine et ne doivent pas toucher le visage, ni le corps. Les paumes sont creuses, pressées l'une contre l'autre à la base. Retenez bien ce geste, nous le répéterons à maintes reprises au cours de notre pratique.

Die Kou Xiao Fu (les mains superposées devant le bas-ventre). Pendant la pratique, les bras doivent être dégagés du corps avec suffisamment d'espace sous les aisselles, sinon votre énergie sera bloquée, elle ne pourra pas circuler. Mettez la main gauche à l'intérieur pour l'homme, la main droite à l'intérieur pour la femme. Les deux mains sont distantes de l'épaisseur d'une paume, elles ne doivent pas se toucher. La main intérieure s'écarte du corps de l'épaisseur de deux paumes, elle ne doit pas toucher le corps non plus. Pourquoi ? Tout le monde le sait, il y a beaucoup de passages internes et externes. Dans notre école, ils sont ouverts par le Falun, en particulier le point Laogong des deux mains. En réalité, ce point est un champ qui existe dans les formes de notre corps existant dans chaque espace. Il ne se limite pas à notre corps charnel dans cet espace-ci. Ce champ est très étendu, il dépasse même le cadre de la main de ce corps. Comme tout doit être ouvert, nous l'ouvrons avec le Falun. Il y a un Falun qui tourne dans chaque main. Pour cette raison, nous ne devons pas les laisser se toucher. Quand vous superposez vos mains devant le bas-ventre après la pratique, l'énergie dans les mains est très forte. Un autre but de cette superposition est de renforcer le Falun dans votre bas-ventre et le champ de votre Dantian. Ce champ va donner naissance à un grand nombre d'entités, plus de dix mille.

Il y a encore un autre mouvement Jie Ding Yin. Nous l'appelons tout simplement Jie Yin (joindre les mains en Jie Yin). On ne doit pas le faire n'importe comment. Les pouces se rejoignent en formant avec les autres doigts un ovale, les doigts de la main inférieure se placent doucement dans les espaces entre les doigts de la main supérieure, c'est la façon de le faire. Quand on fait Jie Yin, la main gauche est en haut pour l'homme, la main droite est en haut pour la femme. Pourquoi ? Parce que l'homme a un corps de pur Yang, tandis que la femme a un corps de pur Yin. Afin d'atteindre l'équilibre entre le Yin et le Yang, l'homme doit maîtriser son Yang et déployer son Yin ; la femme doit maîtriser son Yin et déployer son Yang. Par conséquent, l'homme et la femme ont parfois des mouvements différents. Au moment de faire Jie Yin, les avant-bras doivent être écartés et permettre un creux sous les aisselles, il est nécessaire de le faire. Je pense que tout le monde connaît le Dantian, dont le centre est situé à la largeur de deux doigts au-dessous du nombril : c'est aussi le centre de notre Falun. Nous devons donc faire Jie Yin un peu plus bas, pour que nos mains tiennent en elles ce Falun. Lors des mouvements de relâchement, il y a des gens qui détendent seulement leurs bras, mais pas leurs jambes. Il faut que les jambes et les bras se détendent et s'étirent simultanément de façon coordonnée.

2. La deuxième série d'exercices

La deuxième série s'appelle pratiquer le Falun debout comme un pieu. Les mouvements sont relativement simples : quatre positions entourant la roue avec les bras, très faciles à apprendre, mais difficiles à maîtriser et exigeant beaucoup. En quoi consiste cette exigence ? Tous les exercices en position debout comme un pieu demandent de rester immobile un long moment. Les bras doivent aussi être levés longtemps. Vous les sentirez lourds et courbaturés, c'est pourquoi cet exercice requiert une grande exigence. La position debout ne diffère pas de celle du premier exercice, on se tient détendu, mais cette fois sans étirement. Il y a quatre positions de base consistant toutes à porter la roue. Même si elles sont simples – il n'y a que quatre positions de base – il s'agit de la cultivation et de la pratique de Dafa qui requièrent qu'un mouvement ne serve pas à forger seulement un certain Gong, ou une certaine chose. Chaque mouvement développe beaucoup de choses. Cela ne marcherait pas si un mouvement ne forgeait qu'une seule chose. Je vous le dis, ce que je vous installe dans le bas-ventre et les choses que notre école engendre se compte par centaines de milliers. Si chaque chose devait être développée par un seul mouvement, réfléchissez : vous devriez en faire des centaines de milliers. Impossible de les faire tous, même en pratiquant toute la journée. Vous seriez complètement épuisé, et incapable de les retenir.

Selon le dicton, une grande Voie est très simple et facile. L'évolution de toutes les choses est contrôlée entièrement sur le plan macroscopique. Ainsi, souvent en pratiquant les exercices tranquilles, l'évolution s'effectue d'autant mieux que l'on ne fait aucun mouvement. De même, les mouvements simples contrôlent aussi l'évolution simultanée de nombreuses choses sur le plan macroscopique. Plus les mouvements sont simples, plus votre transformation pourra être complète, car ils maîtrisent tout au niveau macroscopique. En portant la roue pendant les quatre positions de cette série, vous pouvez avoir la sensation qu'un grand Falun tourne entre vos deux bras : presque tous les pratiquants peuvent l'éprouver. Dans la pratique du Falun debout comme un pieu, il n'est pas permis de se balancer ou de s'agiter comme dans les pratiques avec le corps possédé par un esprit malin. Cela ne va pas, ce n'est pas ça la pratique de Gong. Pourriez-vous voir un bouddha, un tao ou un dieu se trémousser comme ça ? Jamais.

3. La troisième série d'exercices

La troisième série s'appelle pénétrer les deux pôles cosmiques. Cette série est relativement simple aussi. Comme son nom l'indique, elle consiste à envoyer l'énergie aux deux pôles cosmiques. Quelle est l'immensité des deux pôles de cet univers incommensurable ? Vous ne pouvez pas l'imaginer, donc ne mettez pas d'activité mentale dans cet exercice. Suivons simplement le mécanisme : vos mains se meuvent selon le mécanisme que je vous ai installé. La première série d'exercices contient aussi ce genre de mécanisme, je ne vous en ai pas parlé le premier jour parce que vous ne devriez pas chercher à le ressentir avant de vous être familiarisé avec les mouvements. Je craignais que vous n'arriviez pas à les retenir tous. En réalité, quand vous étirez puis détendez les bras, vous remarquez que vos mains reviennent automatiquement comme si elles flottaient. C'est précisément le mécanisme que je vous ai donné qui entre en fonction.

L'école des taos l'appelle le « pouvoir de la main flottante ». Quand vous achevez un mouvement, vous remarquez que vos mains se mettent à « flotter » par elles-mêmes vers le mouvement suivant. Plus vous aurez pratiqué, plus vous l'éprouverez nettement. Une fois que je vous les ai données, toutes ces choses-là vont fonctionner automatiquement. En fait, lorsque vous ne pratiquez pas, le Gong vous forge sous l'effet des mécanismes du Falun. Tous les exercices suivants ont cette caractéristique. La position pour cet exercice est la même que lorsqu'on pratique le Falun debout comme un pieu, on se tient tout simplement debout avec le corps détendu et sans étirement. Les mains font deux mouvements. Le premier est d'expulser et d'absorber les mains séparées : une main expulse (Chong) et l'autre absorbe (Guan), et inversement. Chaque va-et-vient des deux mains compte une fois, et on le répète neuf fois au total. À la huitième fois et demie, la main qui est en bas rejoint l'autre en haut. Ensuite, les mains entament le deuxième mouvement : expulser et absorber les mains ensemble, également neuf fois. Plus tard, si vous voulez en faire davantage, vous devrez alors le faire dix-huit fois. De toute façon, il faut des multiples de neuf, car après la neuvième fois, le mécanisme change, il est réglé sur le chiffre neuf. À l'avenir, vous ne devrez plus compter. Lorsque le mécanisme sera très fort, les mains arriveront d'elles-mêmes à la position finale après la neuvième fois. Avec le changement automatique du mécanisme, les mains se joindront toutes seules, sans que vous ayez besoin de compter. C'est garanti : vos mains vont tourner d'elles-mêmes le Falun après neuf Chong Guan. Alors vous n'aurez plus à compter, parce que la pratique doit être effectuée dans le « non-agir » ; tout « agir » est un attachement. Dans la cultivation et la pratique aux niveaux élevés, il n'y a plus aucune activité mentale : c'est vraiment le « non-agir ». Il y a des gens qui disent que les mouvements eux-mêmes constituent « l'agir », mais c'est une compréhension erronée. Si on dit que les mouvements eux-mêmes sont « l'agir », que dire des bouddhas qui font des gestes de mudra, ou des pratiquants de l'école Chan et des moines dans les temples qui font aussi les gestes de mudra et pratiquent la méditation assise ? Que signifie dans ce cas « l'agir » ? Pensez-vous que cela détermine le nombre de gestes de mudra ? Pensez-vous que « l'agir » ou le « non-agir » dépend du nombre de mouvements ? Si on faisait plus de mouvements, on aurait des attachements, et si on en faisait moins, on n'aurait aucun attachement ? Ce n'est pas les mouvements qui comptent, mais plutôt de savoir si dans l'esprit on a encore des attachements ou non, si on garde encore des choses que l'on n'arrive pas à abandonner. C'est le cœur qui importe. En pratiquant les exercices, on suit aussi les mécanismes : on se débarrasse progressivement du cœur « d'agir », atteignant un état sans plus aucune activité mentale.

Au cours de Chong Guan, une évolution particulière s'opère dans notre corps. En même temps, Chong Guan peut ouvrir le passage au sommet de la tête connu comme « l'ouverture du sommet de la tête ». Le passage sous les pieds peut également être dégagé. Ce dernier ne se borne pas au point Yongquan, il s'agit d'un champ. Comme le corps humain a différentes formes d'existence dans d'autres espaces, vos corps ne vont cesser de s'étendre au cours de la pratique de Gong, le volume de votre Gong deviendra aussi de plus en plus grand, de sorte que cela dépassera votre corps humain.

Le sommet de la tête s'ouvrira au cours de la pratique de Gong. L'ouverture dont nous parlons est différente de celle de l'école tantrique. Dans l'école tantrique, ouvrir le sommet de la tête signifie ouvrir le point Baihui et y insérer une « herbe de bon augure », c'est là une méthode de l'école tantrique. L'ouverture dont nous parlons est différente, il s'agit de la communication entre l'univers et le cerveau. On sait qu'il y a aussi l'ouverture du sommet de la tête dans les méthodes bouddhistes communes. Mais peu de gens savent vraiment ce que c'est. Certaines écoles se contentent d'avoir une fissure ouverte au sommet de la tête au cours de leur cultivation et de leur pratique. En réalité, on est encore loin du but. Jusqu'où doit aller une véritable ouverture du sommet de la tête ? Tous les os du crâne doivent s'ouvrir complètement, ensuite s'installera un état où l'ouverture et la fermeture sont automatiques. Cet état existera toujours, et il y aura une communication permanente avec le grand univers, voilà la vraie ouverture du sommet de la tête. Bien sûr, il ne s'agit pas du crâne dans cet espace-ci, ce serait terrifiant si le crâne s'ouvrait dans cet espace ! Il s'agit de la tête dans les autres espaces.

Cet exercice est relativement facile à pratiquer. Il demande la même position debout que les deux précédents, bien qu'il n'y a pas d'étirement comme dans le premier exercice, et il en va de même pour les exercices suivants. On se tient debout avec le corps détendu sans changer de position. Au cours de Chong Guan, faites attention à ce que les mains « suivent le mécanisme ». Dans le premier exercice, les mains bougent aussi en suivant le mécanisme : après l'étirement et la détente, les mains reviennent automatiquement en flottant dans la position He Shi. Nous vous avons installé ces mécanismes. On pratique les exercices en suivant les mécanismes pour les renforcer. Vous n'avez pas besoin de forger le Gong vous-même, vos mouvements servent à renforcer les mécanismes énergétiques qui assurent eux-mêmes ce rôle. Si vous saisissez bien l'essentiel, si vos mouvements sont corrects, vous pourrez sentir l'existence de ces mécanismes. Vous ne les sentirez que si la distance entre la main et le corps ne dépasse pas 10 cm. Certains n'arrivent toujours pas à les ressentir parce qu'ils ne se détendent pas complètement. Avec le temps, vous pourrez les sentir progressivement. Dans la pratique de Gong, vous ne devez utiliser ni l'intention ni la sensation lorsque vous portez le Qi avec les mains vers le haut. Il ne s'agit pas non plus de penser à se remplir de Qi ou à presser le Qi en soi. Les paumes font toujours face au corps. Mais attention : certains, qui tiennent bien les mains près du corps, les éloignent quand elles passent devant le visage, de peur de le toucher. Ça ne va pas. Les mains doivent descendre et monter à proximité du visage et du corps, sans toucher les habits. Il faut absolument suivre ces points essentiels dans la pratique. Lors de Chong Guan les mains séparées, le mouvement sera correctement exécuté si après la montée d'une des mains, la paume reste toujours tournée vers l'intérieur.

En pratiquant Chong Guan les mains séparées, on ne doit pas fixer son intention seulement sur la main montante. La montée et la descente doivent s'effectuer simultanément. La main descendante doit aussi arriver à sa place puisque Chong Guan prévoit que les mains se meuvent et arrivent à leur place en même temps. Les deux mains ne doivent pas se superposer quand elles passent devant la poitrine, sinon le mécanisme sera troublé. Elles restent séparées et chacune s'occupe d'un côté du corps. Les bras doivent être droits, pourtant ça ne veut pas dire qu'ils sont tendus. Les mains et tout le corps sont relâchés, cependant les mains doivent être droites. Puisqu'elles se meuvent en suivant le mécanisme, vous sentirez une sorte de force qui entraîne vos doigts flotter vers le haut. Lorsqu'on pratique Chong Guan les mains ensemble, elles peuvent s'écarter un peu, mais pas trop, car l'énergie circule vers le haut : il faut accorder une attention particulière à ce point-là. Certains sont déjà habitués à « tenir le Qi dans les mains pour l'absorber par le sommet de la tête ». En descendant, leurs paumes sont toujours tournées vers le bas, et en montant elles le sont vers le haut : ça ne va pas, les paumes doivent être tournées face au corps. Bien qu'on les appelle Chong (expulser) et Guan (absorber), ces mouvements sont effectués par le mécanisme que je vous ai installé. C'est le mécanisme qui s'occupe de cette fonction sans aucune intention mentale – il n'y a aucune activité de la pensée dans aucun des cinq exercices. Pour la troisième série, disons qu'avant de faire les mouvements vous vous imaginez comme un tuyau vide, ou bien comme deux tuyaux vides. La raison d'ajouter cette information est de permettre à l'énergie de circuler sans obstacles. Voilà le but essentiel. Les mains doivent être en forme de lotus.

Encore un mot sur l'action de tourner le Falun. Comment le tourner ? Pourquoi le tourner ? Parce que notre énergie est envoyée vraiment très loin, jusqu'aux deux pôles de l'univers, et sans aucune intention, ce qui diffère des méthodes communes. Que ce soit recevoir le Qi Yang du Ciel, que ce soit cueillir le Qi Yin de la Terre, tout cela ne dépasse pas le cadre de notre planète Terre. Quant à nous, nous traversons la Terre et nous envoyons l'énergie jusqu'aux deux pôles cosmiques. Avec votre imagination, vous ne pouvez vous figurer ni l'immensité ni l'éloignement des pôles cosmiques, c'est tout simplement inconcevable. Même si vous y pensiez toute une journée, vous ne pourriez pas percevoir leur immensité, ni les limites de l'univers. Même si vous donniez libre cours à votre pensée, jusqu'à l'épuisement, vous ne trouveriez pas de réponse. La véritable cultivation, la véritable pratique se font dans le « non-agir ». On n'a donc pas besoin de représentations mentales, ne vous préoccupez de rien, suivez seulement les mécanismes. Mes mécanismes peuvent jouer ce rôle. Mais faites attention au point suivant : comme l'énergie est envoyée très loin, nous devons tourner manuellement le Falun à la fin de l'exercice pour lui donner un élan et permettre de récupérer l'énergie en un clin d'œil. Il suffit de faire tourner le Falun quatre fois. Si vous le tournez davantage, vous aurez le ventre gonflé. Il faut tourner dans le sens des aiguilles d'une montre. En tournant, l'amplitude des gestes des mains ne doit pas être trop large et dépasser le corps. L'axe est situé deux doigts au-dessous du nombril. Les coudes sont écartés du corps, les mains et les avant-bras sont alignés. Dès le début de la pratique, les mouvements doivent être exacts, sinon le mécanisme va dévier.

4. La quatrième série d'exercices

La quatrième série s'appelle le circuit céleste du Falun. Nous avons combiné un terme de l'école des bouddhas et un terme de l'école des taos, pour que vous compreniez clairement. Dans le passé, nous l'appelions « tourner le grand Falun ». Cet exercice est un peu similaire à la circulation du grand circuit céleste dans l'école des taos, mais ce que nous demandons est différent. Le premier exercice demandait déjà un dégagement total de tous les méridiens ; le quatrième va les mettre tous en circulation simultanée. Il y a des méridiens à la surface du corps humain, ainsi qu'à l'intérieur, couche après couche, on en trouve aussi entre les organes. Alors comment circule notre énergie ? Ce n'est pas une circulation d'un ou deux méridiens ni celle des « méridiens curieux ou huit méridiens extraordinaires » : nous demandons une circulation simultanée de tous les méridiens du corps. Cette circulation est donc vigoureuse. Si nous divisons le corps humain en deux parties, la face Yin devant et la face Yang derrière, l'énergie circulera dans chaque face, c'est-à-dire l'énergie de la face entière sera en mouvement. Ainsi à l'avenir, si vous pratiquez le Falun Dafa, vous devrez abandonner toutes vos anciennes idées sur le circuit céleste : nous demandons un dégagement et une circulation simultanés de tous les méridiens. Les mouvements sont relativement simples, la posture debout est pareille à celle des exercices précédents, mais on se penche en avant, tout en suivant le mécanisme. Ce genre de mécanisme existe aussi dans les exercices précédents où les mouvements suivent aussi les mécanismes. Mais le mécanisme que je vous ai installé pour ce quatrième exercice à l'extérieur du corps n'est pas ordinaire : c'est une couche de mécanismes extérieurs capable d'entraîner la circulation de tous les méridiens. Même quand vous ne pratiquez pas le Gong, elle fait fonctionner sans cesse tous les méridiens de votre corps. Au moment venu, cela peut aussi tourner dans le sens inverse, cela circule alternativement dans les deux sens. Vous n'avez donc pas besoin de pratiquer cela. Vous n'avez qu'à pratiquer comme nous vous enseignons, sans aucune activité de la pensée. Tout ce qui se fait est entièrement guidé par cette couche de grands méridiens.

Les mouvements de cet exercice doivent mettre en circulation l'énergie de tout votre corps. Autrement dit, si le corps humain est partagé en une face Yin et en une face Yang, l'énergie circulera de la face Yang vers la face Yin, de l'intérieur vers l'extérieur, d'une face à l'autre, tandis que des centaines, des milliers de méridiens se mettent simultanément en circulation. Tous ceux qui ont pratiqué autrefois d'autres circuits célestes, et qui en ont conservé des représentations mentales et certains concepts, devront y renoncer s'ils pratiquent notre Dafa. Ce que vous avez pratiqué auparavant est trop petit. Un méridien ou deux méridiens en circulation, c'est trop lent et inefficace. On sait qu'il y a des méridiens à la surface du corps humain. En fait, les méridiens sont entrecroisés comme les vaisseaux sanguins, ils sont même plus denses que ceux-ci. Les méridiens se trouvent dans chaque couche du corps dans les différents espaces, des plus superficielles jusqu'aux plus profondes. Il y a partout des méridiens, y compris dans les espaces entre les organes. Alors quand nous pratiquons cet exercice, notre corps doit être divisé en deux, en face Yin et en face Yang. Donc l'énergie parcourt entièrement chaque face, qu'elle soit antérieure ou postérieure, et pas simplement un ou deux méridiens. Ceux qui ont pratiqué un circuit céleste dans le passé ne peuvent en garder aucune image mentale, cela troublerait leur pratique de Gong. Même si votre ancien circuit céleste a été dégagé, il ne vaut toujours rien. Dès le début, nous allons beaucoup plus loin. Nous mettons en circulation tous les méridiens. La posture debout est pareille à celle des exercices précédents, sauf qu'on doit se pencher en avant. En faisant les mouvements, les mains doivent suivre le mécanisme, en flottant tout comme dans le troisième exercice. En pratiquant cet exercice, tout circule et flotte en suivant le mécanisme.

Ces mouvements se répètent neuf fois. Si vous souhaitez les pratiquer davantage, vous pouvez les faire dix-huit fois. Pourvu que ce soit un multiple de neuf. Plus tard, quand vous parviendrez à un certain niveau, vous n'aurez plus besoin de compter. Pourquoi ? Comme vous répétez les mouvements toujours neuf fois, le mécanisme se fixera. Après avoir pratiqué un certain temps, le mécanisme amènera automatiquement les mains à se superposer devant le bas-ventre à la neuvième fois et vous n'aurez plus besoin de compter. Bien sûr, au début, quand vous apprenez les mouvements, vous devez compter, car le mécanisme n'est pas encore assez fort.

5. La cinquième série d'exercices

La cinquième série de la méthode s'appelle renforcer les pouvoirs divins. Cet exercice relève du niveau élevé, c'est ce que je pratiquais lors de ma cultivation solitaire. Je vous l'offre tel quel. Parce que je n'aurai plus le temps... J'aurai difficilement une autre occasion de vous enseigner en personne. Pour cette raison, je vous enseigne en une fois tout ce que j'ai pour que vous puissiez pratiquer ensuite aux niveaux élevés. Les mouvements de cette série ne sont pas non plus compliqués, parce que la Grande Voie est très simple et facile. La complexité n'est pas nécessairement une bonne chose. Pourtant, cette série maîtrise l'évolution de nombreuses choses sur le plan macroscopique. Cet exercice est très éprouvant et exige une grande intensité, c'est-à-dire que vous ne pouvez l'accomplir vraiment qu'en restant très longtemps assis en méditation. Il s'agit là d'une série indépendante : avant de la pratiquer, il n'est pas nécessaire d'avoir fait les quatre séries d'exercices précédentes. Evidemment, la pratique de tous nos exercices est très flexible. Si, faute de temps, vous ne pouvez pratiquer que le premier aujourd'hui, alors faites celui-ci seulement. Vous pouvez faire les exercices dans un autre ordre. Si vous voulez pratiquer seulement le deuxième, le troisième ou bien le quatrième aujourd'hui parce que votre temps est limité, cela va aussi. Si vous avez plus de temps, pratiquez davantage ; si vous en avez moins, vous pratiquez moins, c'est très commode. La pratique vous permet de renforcer le « mécanisme », les fonctions que je vous ai installées, ainsi que de renforcer le Falun et le Dantian.

Notre cinquième série est une série indépendante, en trois parties. La première partie consiste en mouvements des mains sous forme de gestes de mudras. Leur but est d'ajuster le corps. Ces quelques mouvements sont relativement simples et peu nombreux. La deuxième partie sert à renforcer les pouvoirs divins. Elle consiste en quelques postures qui ont pour fonction de déplacer les pouvoirs de Gong et les pouvoirs divins de Fofa de l'intérieur du corps vers les mains pour les renforcer au cours de l'exercice. D'où le nom de cette cinquième série d'exercices : « renforcer les pouvoirs divins », elle renforce les pouvoirs de Gong. Ensuite débute la partie consacrée au recueillement en position assise en lotus. Telles sont les trois parties de cet exercice.

Je parle d'abord de la méditation en position assise. La posture en tailleur a deux formes. Il n'existe que ces deux formes dans la véritable pratique. Certains disent qu'il y en a plus de deux, comme par exemple dans la pratique de l'école tantrique où il y en a plusieurs. Je vous le dis : il ne s'agit pas là de formes de posture de méditation assise, mais des positions et des mouvements de leurs méthodes. La véritable posture en tailleur n'a que deux formes : le demi-lotus et le lotus complet.

Commençons par le demi-lotus. C'est la position de transition que vous êtes obligé de prendre par nécessité lorsque vous ne pouvez pas encore croiser les jambes. Quand les jambes sont repliées en demi-lotus, cela veut dire qu'une jambe est sur l'autre. Beaucoup d'entre nous ont de fortes douleurs aux chevilles et ne peuvent pas supporter longtemps cette position. Ils n'ont pas encore mal aux jambes, et déjà ils ne peuvent pas supporter le mal aux chevilles. Si le dessous de votre pied peut être tourné vers le haut, alors la cheville pivotera sur elle-même. Même si je vous indique de le faire ainsi, au tout début vous n'y parviendrez pas forcément, mais vous pourrez y arriver graduellement.

Il y aurait beaucoup à dire sur la position des jambes en demi-lotus. Dans sa pratique, l'école des taos parle « d'absorber sans émettre », c'est-à-dire d'absorber l'énergie, mais pas d'en émettre. On évite de laisser échapper de l'énergie. Comment y arriver ? Ils ferment les points d'acupuncture. Souvent, quand ils plient les jambes, ils ferment le point Yongquan d'un pied en le plaçant sous l'autre jambe et en mettant le point Yongquan de l'autre pied sous la partie supérieure de la cuisse opposée. C'est pareil pour la position Jie Yin. Ils pressent le pouce d'une main contre le point Laogong de l'autre main, tandis que l'autre point Laogong est pressé contre l'autre main et que les deux mains appuient sur le bas-ventre.

Dans notre Dafa, la position en tailleur ne demande pas ces choses-là. Parce que dans la cultivation et la pratique de l'école des bouddhas, toutes les voies préconisent le salut de tous les êtres. On n'a donc pas peur de diffuser l'énergie. Parce que l'énergie libérée sera compensée au cours de la pratique de Gong sans aucun effort. Puisque le critère de votre Xinxing reste au même niveau, elle ne se perd pas. Et si vous voulez élever encore votre niveau, vous devez endurer des épreuves. Donc l'énergie ne se perd pas. Nous ne sommes pas exigeants envers vous pour cette position avec les jambes en demi-lotus. Cette position n'est pas requise chez nous. Notre méthode exige la position avec les jambes croisées en lotus. Comme certains n'en sont pas encore capables, je vous dis quelques mots au sujet de la position avec les jambes repliées en demi-lotus. Si maintenant vous n'arrivez pas à croiser les jambes, vous pouvez prendre la position en demi-lotus. Mais vous devrez tout de même, progressivement, arriver à passer une de vos jambes par-dessus l'autre. Dans la position en demi-lotus, pour les hommes la jambe droite est dessous et la jambe gauche dessus ; pour les femmes la jambe gauche est dessous et la jambe droite dessus. En fait, la véritable position en demi-lotus est très difficile, elle exige que les jambes forment une ligne droite. Et cette position en une seule ligne droite n'est pas plus facile, je pense, que la position des jambes croisées en lotus : les parties inférieures de vos jambes doivent à la base être superposées formant une ligne, et pour y parvenir, il faut un espace entre les jambes et le bas-ventre, ce qui n'est pas facile à faire. Voilà la position en demi-lotus qu'on exige en général, mais nous ne la demandons pas. Pourquoi ? Parce que notre méthode exige la position en lotus.

Voilà quelques indications sur la position en lotus. Nous demandons de croiser les jambes, c'est-à-dire de passer la jambe qui est dessous au-dessus. Soulevez-la par l'extérieur, et non par l'intérieur, et vous avez la position en lotus. Il y a aussi une petite forme de lotus* qui permet d'arriver aux « cinq centres face au Ciel » avec les plantes des pieds tournées vers le haut. La vraie position des « cinq centres face au Ciel » s'effectue en général dans les méthodes de l'école des bouddhas de la façon suivante : le sommet de la tête, les deux paumes et les deux plantes des pieds sont tournées vers le haut. Si vous voulez faire la grande forme de lotus, faites comme vous voudrez, certains la préfèrent. Mais nous insistons : il faut pratiquer la position en lotus, en grande ou en petite forme, les deux sont valables.

La cultivation et la pratique dans l'état de tranquillité exige que la position assise dure longtemps. On n'a aucune activité mentale, on ne pense à rien. Nous disons que votre conscience principale doit rester claire, parce que cette méthode vous cultive et vous forge vous-même, vous devez effectuer votre élévation avec l'esprit lucide. Comment faire cette pratique dans la tranquillité ? Nous vous demandons, quelle que soit la profondeur de votre recueillement, d'être toujours conscient que c'est vous qui êtes ici en train de forger le Gong, il n'est absolument pas permis d'entrer dans un état où vous n'êtes conscient de rien. Alors concrètement, quel état va surgir ? En plongeant dans votre recueillement, une sensation merveilleuse et extrêmement agréable apparaît, comme si vous étiez installé dans une coquille d'œuf. Vous savez que vous pratiquez le Gong, mais vous sentez que tout votre corps est incapable de bouger. Voilà ce qui doit apparaître nécessairement dans notre méthode. Il y a encore un autre état : en restant assis longtemps, on ne sent plus ses jambes, on ne sait plus où elles sont passées, votre corps n'est plus là, vos bras ne sont plus là, vos mains non plus, il ne reste plus que la tête. En poursuivant encore la pratique, on découvre que la tête n'est plus là non plus, il ne reste que votre propre conscience de soi, une pensée ténue qui sait que vous êtes là en train de pratiquer le Gong. On doit maintenir juste cela. C'est bien suffisant si nous pouvons atteindre ce point. Pourquoi ? Quand on pratique le Gong dans cet état-là, le corps est en train de se transformer complètement, c'est le meilleur état, c'est pourquoi nous vous demandons d'entrer dans un tel état de tranquillité. Mais vous ne devez pas vous endormir ou tomber dans un état second. Si vous n'arrivez pas à garder cette seule pensée, vous pratiquerez pour rien : vous aurez dormi au lieu de pratiquer. À la fin, vous sortez de votre recueillement en joignant les mains en He Shi, la pratique se termine ainsi.

ANNEXES

1. Les exigences concernant les centres d'assistance de Falun Dafa

1. Les centres locaux d'assistance de Falun Dafa dans chaque région sont des organismes qui ont pour but d'aider les pratiquants à cultiver et à pratiquer. Ils ne doivent en aucun cas devenir des entités économiques, ni adopter des méthodes de gestion semblables à celles des administrations. Ils ne conservent ni argent ni biens, et ne se livrent pas à des activités thérapeutiques. Ils sont gérés d'une façon légère et flexible.

2. Les moniteurs et les collaborateurs des centres principaux de Falun Dafa sont de véritables pratiquants qui se concentrent exclusivement sur la cultivation et la pratique de Falun Dafa.

3. En faisant connaître Falun Dafa, on doit se fonder sur ses principes et ses points essentiels. On ne peut pas propager des points de vue individuels ou des aspects d'autres méthodes comme éléments de Dafa : on entraînerait ainsi les pratiquants dans des visions incorrectes.

4. Les centres principaux d'assistance de chaque région doivent être les premiers à observer les lois et les règlements du pays où ils se trouvent. Ils ne doivent pas se mêler des affaires politiques. L'essentiel de la cultivation et de la pratique, c'est l'élévation du Xinxing des pratiquants.

5. Les centres de chaque région doivent si possible communiquer entre eux et partager les expériences dans le but de stimuler

l'élévation générale de tous les pratiquants de Dafa. Il n'est pas permis d'avoir une attitude d'exclusion régionale. Le salut des êtres humains ne se limite pas à des régions ou à des groupes ethniques. Le Xinxing des véritables pratiquants doit se manifester en toute occasion, tous ceux qui cultivent Dafa sont tous les disciples de la même école.

6. On doit s'opposer résolument à des comportements qui dénaturent l'enseignement de Dafa. Aucun disciple ne peut, au niveau peu élevé où il se trouve, présenter comme le contenu de Falun Dafa ce qu'il a ressenti, vu, entendu et compris, ni donner un soi-disant « enseignement de la Loi ». C'est inadmissible, même s'il parle de comment faire de bonnes choses, parce que ce n'est pas la Loi. Ce ne sont que des phrases qui conseillent aux gens ordinaires de faire du bien. Elles n'ont pas la puissance de la Loi qui offre le salut aux gens. Tous ceux qui expliquent la Loi en se fondant sur leurs propres impressions font comme s'ils sabotaient la Loi. Si on reprend mes paroles, il faut absolument préciser : « Maître Li Hongzhi dit que... », etc.

7. Il est strictement interdit aux disciples de Dafa de mêler d'autres méthodes dans la pratique (tous ceux qui ont dévié appartiennent à ce type de gens). Ceux qui ignorent cet avertissement seront eux-mêmes responsables des problèmes qui surgiront. Transmettez bien ce message à tous les pratiquants : il ne faut pas transposer dans votre pratique des concepts ou des activités mentales issus d'autres écoles. Une fois qu'on a une pensée dans la tête, c'est qu'on recherche des choses de cette école. Dès que la pratique est mélangée avec d'autres, le Falun se déformera et perdra son efficacité.

8. Les pratiquants de Falun Dafa doivent simultanément cultiver le Xinxing et pratiquer les exercices. Ceux qui ne font qu'exercer les mouvements sans faire attention au Xinxing ne

seront pas reconnus comme disciples de Falun Dafa. Etudier la Loi et lire chaque jour doit être considéré comme un élément essentiel de la cultivation.

Li Hongzhi, le 20 avril 1994

2. Les réglementations pour les disciples de Falun Dafa qui propagent la Loi et enseignent les exercices

1. En propageant la Loi, tous les disciples de Falun Dafa ne peuvent utiliser que les paroles « Maître Li Hongzhi dit que... » ou « Maître Li Hongzhi mentionne que... ». Il est strictement interdit de passer pour Dafa de Li Hongzhi ce qu'on a expérimenté, vu, entendu ou compris, de même que ce qui vient d'autres écoles. Sinon, ce qu'on propage ne sera pas Falun Dafa, et sera considéré comme un sabotage de Falun Dafa.

2. Pour propager la Loi, tous les disciples de Falun Dafa peuvent utiliser les formes suivantes : étudier les enseignements en groupe, discuter ou parler aux sites de pratique de la Loi enseigné par Maître Li Hongzhi. Il n'est pas permis de transmettre la Loi sous forme d'une conférence publique comme je le fais. Personne d'autre n'est capable d'enseigner Dafa, et ne peut connaître la pensée de mon niveau ni le sens véritable et profond de la Loi que j'enseigne.

3. Quand on parle de ce qu'on comprend et de ce qu'on pense de Dafa pendant l'étude des enseignements en groupe, des discussions ou aux sites de pratique, on doit toujours mentionner : « C'est ma compréhension personnelle. » On ne doit

pas mélanger ses propres compréhensions avec Dafa, et encore moins les faire passer pour des paroles du Maître Li Hongzhi.

4. Lorsqu'ils propagent la Loi et enseignent les exercices, il est strictement interdit aux disciples de Falun Dafa d'encaisser de l'argent ou d'accepter des cadeaux. Celui qui viole cette règle n'est plus un disciple de Falun Dafa.

5. Les disciples de Dafa qui enseignent les exercices ne doivent, sous aucun prétexte, en profiter pour soigner et guérir des élèves. Sinon ils saboteraient Dafa.

Li Hongzhi, le 25 avril 1994

3. Les critères pour les moniteurs de Falun Dafa

1. Ils chérissent cette méthode, ils travaillent avec enthousiasme, ils sont prêts à rendre des services bénévoles. Ils prennent l'initiative d'organiser des cours pour que les pratiquants puissent s'exercer.

2. Les moniteurs cultivent et pratiquent exclusivement Falun Dafa. S'ils étudient d'autres méthodes, cela signifie qu'ils renoncent automatiquement à se conformer au critère d'un pratiquant et d'un moniteur de Falun Dafa.

3. Sur les lieux de pratique, ils doivent être exigeants envers eux-mêmes et indulgents envers les autres. Ils font attention à leur Xinxing, offrent aide et amitié aux autres.

4. Les moniteurs mettent leur cœur dans la propagation de Dafa et l'enseignement des exercices. Ils coopèrent et soutiennent diligemment toutes les activités des centres principaux.

5. La méthode doit être enseignée bénévolement. Il est strictement interdit d'encaisser de l'argent et d'accepter des cadeaux. Les pratiquants ne cherchent ni célébrité ni profit, ils ne cherchent que mérites et vertus.

Li Hongzhi

4. Ce que doivent savoir les pratiquants de Falun Dafa

1. Le Falun Dafa est une méthode de cultivation et de pratique de l'école des bouddhas. Il n'est permis à personne de se livrer à la propagande d'une religion sous le couvert de la cultivation et de la pratique de Falun Dafa.

2. Tous les pratiquants de Falun Dafa doivent observer strictement les lois de leur pays de résidence. Toute conduite qui viole la politique et les règlements d'État s'oppose aux mérites et aux vertus de Falun Dafa. Les intéressés sont eux-mêmes responsables de l'infraction et de toutes les conséquences qui en découlent.

3. Tous les pratiquants de Falun Dafa doivent maintenir activement la solidarité au sein du milieu de la cultivation et de la pratique et à contribuer aux efforts communs du développement de la culture traditionnelle de l'humanité.

4. Sans la permission du fondateur et maître de notre école, et sans l'autorisation des autorités appropriées, les élèves de Falun Dafa,

moniteurs et disciples, ne doivent pas soigner des malades. Il leur est encore moins permis de se faire payer et d'accepter des cadeaux pour leurs soins.

5. Les élèves de Falun Dafa prennent la cultivation du Xinxing comme le point essentiel de leur cultivation et de leur pratique. Il leur est strictement interdit d'intervenir dans les affaires politiques de l'État et encore moins de s'engager dans des luttes ou des activités politiques. Ceux qui le font ne sont plus des disciples de Falun Dafa et ils seront eux-mêmes responsables des conséquences éventuelles. L'aspiration fondamentale d'un pratiquant est d'avancer diligemment dans la véritable cultivation et de parvenir le plus vite possible à la Plénitude parfaite.

Li Hongzhi

GLOSSAIRE

Les indications qui suivent ont été établies par les traducteurs pour faciliter la lecture de ce livre. Elles ne font pas partie de l'enseignement contenu dans cet ouvrage.

Ah Q : personnage d'un roman chinois récent qui incarne un benêt dont tout le monde profite.

Arhat : Luohan. Position du Fruit d'un être éveillé qui a atteint le Fruit juste. Dans l'école des bouddhas son niveau de réalisation est plus bas que celui de bodhisattva.

Benti : signifie le corps physique et les corps dans les autres dimensions.

Bienséance : Li. Rite, hommage, règle, politesse. Les rites, dans la tradition chinoise, incitent les gens à se mettre en harmonie les uns avec les autres et à se conduire de manière juste.

Bodhisattva : Pusa. Position du Fruit d'un être éveillé qui a atteint le Fruit juste. Dans l'école des bouddhas son niveau de réalisation est plus élevé que celui d'un arhat et généralement plus bas que celui d'un tathagata.

Bouddha : Fo. Terme générique signifiant un Éveillé, un être qui a atteint l'éveil par la cultivation et la pratique. Dans l'école des bouddhas ce terme signifie des êtres éveillés aux niveaux de réalisation généralement plus élevés que celui de bodhisattva.

Cao Cao : souverain d'un des Trois Royaumes (155–220).

Chong Guan : expulser et absorber. Terme utilisé dans la troisième série des exercices de Falun Gong, ainsi que dans certaines autres méthodes.

Cihai : le nom du dictionnaire chinois qui fait autorité.

Cinabre : Dan. Traduit souvent par pilule de cinabre ou élixir. Concentré de hautes énergies recueillies dans d'autres espaces qui se substantifie généralement dans le bas-ventre (Dantian).

Cœur : Xin. Le sens le plus direct de ce terme est cœur. Suivant le contexte ou la formule dont il fais partie, ce terme peut prendre également des sens différents – intention, volonté, centre, cœur ou esprit de quelque chose, etc.

Corps de Blanc laiteux : corps purifié exempt de Qi.

Corps de Blanc limpide : appelé aussi Corps de Blanc cristal. Corps transparent, au plus haut niveau de la Loi de ce Monde.

Cultivation et pratique (cultiver et pratiquer) : Xiulian. Dans cette formule qui peut être traduite par un seul terme, la « cultivation-pratique », Xiu a le sens de cultiver, se cultiver spirituellement. Lian est écrit ici avec un idéogramme qui a le sens de pratiquer, forger ou tremper (le Gong). Il existe un autre Lian écrit différemment dont le sens est de faire les exercices, s'exercer.

Dafa : Da : grand. **Fa :** loi. La Grande Loi (de l'univers).

Dantian : désigne la région abdominale située sous le nombril, appelé aussi champ de l'élixir ou champ de cinabre (voir cinabre).

De : vertu. Matière blanche qui résulte, entre autres, des actions vertueuses d'une personne et qui s'accumule dans un autre espace.

Diamant : voir Vajra.

Fa : Loi. Terme désignant les principes fondamentaux dans l'école des bouddhas. Dans son sens plus large, il dépasse le cadre de l'école des bouddhas et peut en particulier être compris dans le sens de la Voie (Tao).

Falun : Roue de la Loi.

Fashen : Corps de Loi. Corps fait de Fa et de Gong, personnification de la sagesse du maître.

Fo : Éveillé (bouddha). Voir bouddha.

Fofa : Fo : Éveillé (bouddha). **Fa :** loi. Lois et Principes suprêmes des êtres éveillés.

Formule : les vers de chaque formule sont récités en chinois une fois juste avant chaque série d'exercices. Chaque série a sa propre formule que vous pouvez réciter à haute voie, ou simplement en écouter l'enregistrement.

Il est difficile de traduire même approximativement le sens vaste et profond de ces formules. Pour en avoir néanmoins une idée, on pourra comparer diverses traductions publiées en anglais, en espagnol, en russe, etc., et qui sont également disponibles sur le site www.falundafa.org.

Fruit juste : Zhengguo. Atteindre le Fruit juste signifie s'éveiller aux niveaux de la Loi au-delà de ce Monde. Dans l'école des bouddhas, cela signifie « sortir des six voies de réincarnation » et obtenir l'éveil.

Gens ordinaires : expression sans caractère péjoratif qui désigne des personnes qui ne sont pas engagées dans une voie spirituelle, dans une voie de cultivation.

Gong : ce terme indique à la fois :

1) une énergie de haut niveau transmise à une personne ou issue d'un travail spirituel sur soi, ou cultivation. Comparée au Qi, elle est une forme supérieure d'énergie.
2) une méthode qui développe aussi une telle énergie et qui peut éventuellement inclure des exercices.

Gongfu (ou Kung-fu) : maîtrise, habileté, capacité acquises en général par des efforts et une longue pratique. Terme utilisé plus particulièrement dans les arts martiaux (Wushu qigong).

Grande Loi : voir Dafa et Fa.

Grande Voie : Datao. **Da :** grand. **Tao :** voie. Voir Tao.

Han : l'ethnie majoritaire en Chine.

Homme vrai : Zhenren. Dans l'école des taos, désigne l'être éveillé et accompli dans le Tao, celui qui est parvenu au rang d'Immortel.

Karma : Yeli. À comprendre dans le sens négatif de matière noire accumulée dans un autre espace et résultant des mauvaises actions. Appelé mauvais karma dans le bouddhisme.

Loi : voir Fa.

Lotus (position en lotus) : cette formule peut indiquer :

1) une position assise avec les jambes croisées qui peut être effectuée avec les pieds posés sur les aines (petite forme) ou près des genoux (grande forme).

2) une position des mains dite « paume de lotus » gardée durant tous les exercices avec les mains séparées. Les paumes sont ouvertes et les doigts sont droits et détendus ; le majeur de chaque main est détendu et légèrement incliné vers l'intérieur de la main.

Loyauté : Yi. Sens de la justice, intégrité, respect de soi et de ses devoirs, attitudes et relations justes qui conviennent à chaque situation.

Lunyu : déclaration, commentaire.

Maitreya : dans certaines voies de l'école des bouddhas, c'est le nom du Bouddha qui viendra sur Terre après Sakyamuni.

Nature et vie : Xingming. Dans cette ancienne expression très vaste et profonde, Xing a le sens de la nature originelle, vraie et innée de l'être. Ming a le sens de la vie accordée par le Ciel et par extension de la force vitale ou de la longévité. Cette expression pourrait être traduite par « la nature et la vie ».

Non-agir : Wuwei. Expression traditionnelle ayant à son origine le sens d'action sans intention. Elle pourrait être traduite par « non-agir » et son contraire (Youwei) par « agir », avec intention.

Palais Niwan : glande pinéale.

Pensée : Yinian. Activité mentale, activité de la pensée, intention, idée, volonté.

Plénitude parfaite : Yuanman. Se traduit aussi par Accomplissement.

Position du Fruit : Guowei. Niveau de réalisation atteint par la cultivation et la pratique.

Pouvoir de Gong : Gongneng. Ce terme a ici le sens de pouvoirs paranormaux provenant des facultés innées de l'homme et développés par la cultivation et la pratique.

Pouvoir divin : Shentong. Pouvoirs spirituels, capacités extraordinaires. Peut aussi avoir le sens de pouvoirs magiques ou habileté miraculeuse.

Pratique : voir cultivation et pratique

Préceptes : Jie. Observance des préceptes de moralité, de renoncement et de discipline.

Qi : dans la pensée chinoise, le Qi est une substance-énergie qui prend, dit-on, plusieurs formes positives ou négatives dans le corps et dans la nature. Il est habituellement traduit par énergie ou souffle vital ; comparé au Gong, le Qi est une forme inférieure d'énergie.

Qigong : terme moderne pour la cultivation et la pratique (voir cultivation et pratique). Souvent connu comme nom générique des méthodes traditionnelles chinoises qui cultivent l'énergie vitale (Qi) et, par extension, dans le sens de voie spirituelle.

Recueillement : Ding. État de quiétude profonde atteint dans la méditation. Dans la pratique de Falun Gong, au cours du recueillement l'esprit est vide et pourtant reste conscient.

Ren : (prononcer jeunn). Tolérance, patience, endurance.

Rien : Wu. Ce terme, souvent traduit par le «néant », ainsi que par le «vide » et d'autres mots, exprime le non-être, le non-manifesté dans l'école des taos.

Sakyamuni : le « Bouddha » historique Gautama Siddhârtha, fondateur du bouddhisme (563-483 av. J.-C.).

Sept émotions (ou sentiments) : joie, colère, tristesse, peur, amour, haine, désir. Plus généralement, désigne l'ensemble des émotions humaines.

Six désirs : désirs induits par l'ouïe, la vue, le goût, l'odorat, la sensualité et la pulsion de vie ou de mort. Plus généralement, désigne l'ensemble des désirs humains.

Shan : (prononcer chann). Bienveillance, compassion, bonté.

Shangen : point d'acupuncture situé à la racine du nez.

Soûtras : écritures bouddhistes.

Tao ou Dao : Voie. Terme désignant la vérité et la réalité ultime dans l'école des taos. Dans son sens plus large il dépasse le cadre de l'école des taos et peut en particulier être compris dans le sens de la Loi (Fa). Sans majuscule, il désigne aussi un être qui s'est éveillé dans le Tao (Dao).

Tathagata : Rulai. Position du Fruit d'un être éveillé qui a atteint le Fruit juste. Dans l'école des bouddhas son niveau de réalisation est généralement plus élevé que celui de bodhisattva.

Vacuité : Kong. Ce terme est aussi souvent traduit par le «vide », ainsi que par d'autres mots proches de ce sens.

Vajra : Jingang. Terme signifiant diamant. C'est un symbole important d'indestructibilité dans certaines voies de l'école des bouddhas. Par extension ce terme désigne aussi un gardien de bouddha armé d'un pilon de diamant qui repousse tous les démons perturbateurs. Se traduit aussi par Diamant.

Vie : voir nature et vie

Voie : voir Tao.

Xinxing : Xin : cœur. **Xing** : nature originelle. C'est l'être profond d'une personne ; par extension, sa qualité d'être et ses qualités morales.

Xiulian : voir cultivation et pratique.

Zhen : (prononcer djènn). Vérité, authenticité.

Zhen-Shan-Ren : (prononcer djènn-chann-jeunn). Nature suprême, nature la plus fondamentale de l'univers.

Achevé d'imprimer en avril 2011
sur les presses de la Nouvelle Imprimerie Laballery
58500 Clamecy
Dépôt légal : avril 2011
Numéro d'impression : 104041

Imprimé en France

La Nouvelle Imprimerie Laballery est titulaire de la marque Imprim'Vert®